사랑하는 _____ 에게

_____ 드립니다

_____ 년 _____ 월 _____ 일

남편만 믿고 살기엔

여자의 인생은 짧다

남편만 믿고 살기엔 여자의 인생은 짧다

허순이 지음

모아북스
MOABOOKS

제목에 붙여

　우리나라 여성들, 정말 할 일이 많다. 그런데 슈퍼우먼이라는 말이 절로 나올 정도로 그 일들을 척척 해낸다.
　나는 한 시대를 같이 살아가는 이 땅의 여성들에게 강한 동지의식과 친밀감을 느끼고 있다. 엄마로서, 아내로서 한 가정을 이끌어가고 있는 모든 여성들에게 말하고 싶다. 당신들은 정말 대단한 일을 하고 있다고. 여러분이 우리나라 가정의 든든한 기둥이라고.

　나는 결혼하고 30년 동안 워킹맘으로 살아왔다. 그리고 얼마 전, 이제는 다 큰 아이들에게 드디어 폐업 선언을 했다. 막내가 스물두 살 때의 일이다. 그래서 이제부터는 워킹맘이 아닌 워킹우먼으로 살아간다.
　"이제 너희들은 너희 먹을 밥 알아서 챙겨 먹을 수 있고, 자기 일도 알아서 하니 이제 엄마도 워킹맘에서 벗어나 나 자신에게 충실하고 싶어. 이제 엄마라고 하지 말고 순이라고 불러줘."

이것이 나의 엄마 폐업 선언이었다.

이제 아이들은 내 친구다. 이제야 나는 엄마라는 무거운 역할에서 벗어나 아이들의 진정한 친구가 될 수 있었다.

아이들은 나를 '순이엄마'라고 부른다. 엄마라는 권위를 벗어버리고 아이들에게 이름을 불리는 기쁨, 그건 아이들을 키워온 지난 시간에 대한 보상이다. 엄마로서, 주부로서의 힘든 나날들에 대해 세 아이라는 커다란 선물을 얻었다.

'엄마를 사표 내고 뭘 해야 하나?'

고민에 빠졌다. 그리고 결론을 얻었다. 어려운 사람을 도와주고, 도움이 필요한 사람들에게 방향을 제시해주는 그런 영향력 있는 사람이 되어야겠다고 생각했다. 지금 내 휴대폰에는 300명의 전화번호가 들어 있다. 그들이 내가 도와주고 도움을 받는 이들이다.

나는 이렇게 당당한 이 사회의 일원으로 살아간다. 그리고 아직 여성의 삶을 졸업하지 못한, 아직 가야 할 길이 더 많이 남은 많은 후배들을 돕고 싶다. 나는 그들에게 내가 겪었던 시행착오와 많은 생각들을 허심탄회하게 이야기하고 싶다. 그것이 이 책을 써 내게 된 이유이다.

나는 이 땅의 여성들에게 격려의 메시지를 전하고 싶었다.

바깥에서 남자처럼 일해왔던 내가 이런 주제를 선택한 이유는, 나에게 있어서 무엇보다 중요했던 것은 다른 여성들과 마찬가지로 가정과 아이들이었기 때문이다. 내가 나인 이유, 나의 정체성은 내 가정을 떠나서는 생각할 수 없기 때문이다.

커리어우먼이든 가정주부든, 다른 많은 여성들도 다르지 않을 것이다. 우리 여성의 삶에서 가정이 차지하는 비중은 매우 크다. 가정이 전부인 이들도 있고, 가정이 자신의 거의 모든 것인 이들도 있다. 결혼을 한 여성이라면 자신의 삶에서 가정을 떼어놓고 생각할 수 없다.

그래서 가정 속에서 행복을 찾지 못한다면 여성들의 삶은 불행해질 수밖에 없다. 밖에서 어떤 활동을 한다 해도, 아무리 성공해도, 여성은 자신의 가장 큰 정체성을 가정에서 찾기 때문이다. 엄마란 그런 것이다.

그러나 가정이 소중하다는 감상적인 이야기는 여기까지. 나는 이 책에서 결코 여러분에게 좋은 말만 하지는 않을 것이다.
"우리가 가정의 중심이지요."
"우리의 역할이 얼마나 대단한 건데요."
"엄마라는 자리만큼 소중한 게 있을까요?"
이런 위로는 우리에게 필요 없다.
"아이들을 사랑으로 대하세요"라거나 "남편에게 마음을 열고 진심으로 대화를 시도해보세요"라는 등의 당연한 말도 하지 않을 생각이다.

사람과 사람과의 관계에서 진심과 사랑이라는 건 실제로 그다지 힘이 없다. 아니, 진심과 사랑을 가지고 있고 무작정 표현한다고 해서 다 해결되지는 않는다고 해두자. 더 중요한 것은 방법과 요령이다. 나는 그것을 이야기하고 싶다. 남들과 똑같은 이야기를 할 거면 이 책을 쓸 필요도 없었다.

모든 사회가 그렇지만 가정은 특히나, 사람과 사람과의 관계가 거의 전부다. 가정생활을 하며 언제 행복을 느끼는가? 무엇 때문에 살 만하다고 여기며 위안을 받는가? 사람과의 관계를 빼고 원활한 가정생활을 이야기할 수는 없다.

관계 맺기에 대해 나는 보통 사람과는 조금 다른 시각을 갖고 있다. 특히나 가정 안에서의 관계에서는 잘 등장하지 않는 용어를 쓸 것이다. 바로 '영업'이라는 단어다.

가정 안에서 웬 영업? 남편에게, 자식에게 영업을 한다고? 말도 안 되는 소리라고 생각할지도 모르겠다.

아니, 말이 되는 소리다. 인간관계를 들여다보면 그 안에는 모두 다 영업이 존재한다. 그것이 '배려'나 '사랑' 또는 '희생'과 같은 말로 포장되어 있을 뿐이다.

많은 이들이 이 영업이라는 것을 잘하지 못해 행복한 가정생활을 누리지 못한다. 전통적으로 여성들은 협상과 설득, 타협에 대한 교육을 받지 못했다. 이들은 남성에게 중요한 능력으로 평가받는 것들이다. 반대로 여성들에게 필요한 덕목은 '타인과 조화를 이루고 배려하는 능력'이었다. 그러나 그런 이유로 여성들에게는 언제나 '희생'이라는 단어가 따라붙는다.

여러분은 여전히 '희생'하고 싶은가?

가정을 행복하게 유지하기 위해, 다른 가족 구성원의 안위를 위해 나의 행복은 희생하겠다는 각오가 고귀한 것이라고 생각하는가? 이제 여성들도 그런 프레임에서 벗어나야 한다.

희생이 아닌, 스스로의 행복을 쟁취하며 함께 행복한 것, 지금 여성들에게 필요한 덕목은 그것이다. 내가 행복해야 아이들도 행복하고 남편도 행복할 수 있다.

이제 생각의 틀을 바꿀 준비가 되었는가?

여러분도 행복할 준비가 되었는가?

그럼 이제 행복의 문을 열어보자.

끝으로 책이 출간되기까지 많은 조언과 함께 격려를 해주신 이내화 선생님께 감사드립니다.

허순이

차 례

제목에 붙여　8

01장

느낌

남편을
만나 감사합니까?

1　너무 다른 두 사람이 사는 세계　18
2　여자와 남자는 무엇이, 왜 다를까?　24
3　부부, 소통에서 답을 찾을 수 있을까?　33
4　남자는 여자하기 나름이라고?　39
5　남편의 기만 살리며 이대로 살 것인가　52
6　밖으로 도는 남편을 바꿔라　58

02장

차이

남편만 믿고
살기엔
여자의 인생은 짧다

1　하루하루 밥 해주는 사람으로 산다는 것은 지겹다　66
2　하루를 살더라도 품위 있게 살아야 하는 이유는　70
3　엄마의 사표 쓰던 날　78
4　경쟁력 없이는 인생의 주인이 될 수 없더라　82
5　여성의 삶을 막는 콤플렉스 살피기　88

03장

품위

여성이여,
격 있게 살기 위해
틀을 바꾸자

1 가정용으로 살아왔습니다 96
2 생활의 직무유기, 당신은 잊고 있었죠? 104
3 이젠 영업용으로 살 때다 114
4 가정용에서 영업용으로, 프레임 바꾸기 126

04장

유효기간

'내 뜻' 대로
살기 위해
무얼 준비했는가?

1 나의 하루는 136
2 결혼과 일의 관계 142
3 마흔셋의 여대생으로 살다 151
4 영향력 있는 삶에 도전 161
5 노후 상상 166
6 여자로 사는 것이, 참 좋다 178

05장
엇갈림

여자라서 실수했던
'순진한' 착각,
남자라서 당당했던
'대단한' 오해

1   소통 궁합은 없었다 188
2   아무도 우리에게 가르쳐주지 않은 소통법은? 193
3   무조건 YES로 답하기 202
4   불통 부부, 작게 통하는 것부터 시작하라 212

06장
늦지 않았어

지금
시작해

1   新 아줌마 셀프 콘서트로 여자의 인생 찾기 224
2   이젠 혼자병법이다 229
3   당신의 인생을 색7하라 240
4   변화를 두려워하면 바꿀 수 없다 245

맺음말 250

01장

느낌

남편을 만나 감사합니까?

1

너무 다른
두 사람이 사는 세계

〈전원일기〉만큼이나 장수하는 드라마가 있다. 바로 〈사랑과 전쟁〉이다. 〈사랑과 전쟁〉은 따로 극장판이 개봉될 정도로 인기가 높다.

이 드라마의 장수 비결은 아마도 공감일 것이다. 결혼생활에서 겪게 되는 다양한 일들을 적나라하게 다루고 있다는 것이 시청자들의 공감을 자아내는 것이다. 이는 많은 사람들이 실제로 '사랑과 전쟁'을 찍으며 살고 있다는 뜻이다.

여러분의 결혼생활은 사랑인가, 전쟁인가?

'사랑과 전쟁'이라는 말만큼 남녀 간의 애증을 절묘하게 묘사하는 말은 없다.

도대체 왜, 여자와 남자는 사랑과 함께 전쟁을 시작해야 하는 걸까? 동화 속 왕자님과 공주님은 늘 결혼해서 행복하게 살았다고 하는데, 왜 우리의 현실은 결혼 후 잔혹한 동화가 되어 버리는 것일까?

제작진이 밝히는 뒷이야기는 더 씁쓸하다. 시청자들은 〈사랑과 전쟁〉이 실제보다 훨씬 과장되게 이야기를 꾸밀 거라고 생각한다. 그러나 실제로는 그 반대라고 한다. 그 실제 사례들은 공중파 드라마로 차마 내보낼 수 없는 수위도 많다는 것이다. 그 사례도 각양각색이다. 그중 남편의 외도, 시댁과의 갈등은 단골 메뉴다. 바로 우리들이 결혼생활에서 가장 힘들게 느끼는 것들이다.

우리 여성들의 삶이란 이렇게도 남편과 결혼에 따라 행복과 불행이 결정되는 것이다. 그리고 끝내 갈등을 해결하지 못하고 결국 〈사랑과 전쟁〉 한 편의 주인공으로 살아가고 있다.

부부의 문제가 생기는 것이 당연한 일이라고요?

많은 부부가 사사건건 부딪치며 산다. 어쩌면 여성들의 삶을 가장 힘들게 하는 존재는 남편일지도 모른다.

결혼 전의 연인들은 행복하다. 그러나 부부가 되면 그 후의 생활은 연인일 때와는 천지 차이다.

부부는 아침부터 저녁까지, 그리고 잠자리에서까지 함께해야 한다. 데이트하며 잠깐 얼굴 보는 연인과는 다르다. 결혼한 사람들의 관계는 아침에 눈을 뜨자마자 부터 시작된다. 단 며칠도 그 인간관계에서 떨어져 기분을 전환할 시간도 없다. 그러니 한 번 문제가 생기면 큰 갈등이 되는 것이다.

여자와 남자는 근본적으로 다른데다가 부부는 살면서 여러 가지 문제에 부딪히기 때문에 언제나 좋게만 지낼 수는 없다. 부부 사이에서 생기는 문제는 사소한 생활부터 시작해, 가족이 모두 먹고 사는 심각한 문제까지 다양하다. 생각하는 것이 비슷하고 손발이 잘 맞는 사람이라 할지라도 헤쳐 나가기 어려운 일들이 모든 부부 앞에 놓여 있다.

여자와 남자는 문제에 대처하는 방법도 다르고, 그것을 푸는 방법도 다르다. 그래서 문제의 해결로 가는 길을 바로 찾지 못하고 빙빙 돌아가게 되어 있다. 또 '문제'로 생각하는 일도 남자와 여자는 차이가 있다.

한때《화성에서 온 남자, 금성에서 온 여자》라는 책이 선풍적인 인기를 끌었다. 여자와 남자가 아예 딴 행성 사람들처럼 다르다는 접근이 공감을 일으킨 것이다.

여자와 남자는 서로가 필요한 존재이지만, 함께하기에는 너무나 다른 존재다. 이것이 많은 부부들을 행복하지 않은 결혼생활로 밀어 넣는 딜레마다.

행복의 시작일까, 인생의 무덤일까

우리 인생의 복병인 남편들. 아군으로 만드느냐, 적군으로 만드느냐는 여러분의 손에 달려 있다.

결혼 전에는 무엇이든 원하는 대로 이루어졌지만, 결혼은 그렇게 만만한 것이 아니다. 누구를 만나느냐에 따라 인생이 180도 달라지는 것이 결혼이다. 그래서 결혼은 행복의 시작일 수도, 인생의 무덤일 수도 있다.

그러나 이것은 순전히 남자에게 내 인생을 맡겼을 때의 일이다. 내 인생의 주체는 나 자신이다. 누구도 나를 행복하게 불행하게 조정할 수는 없다. 내가 내 인생을 선택하며 가는 것이다.

그러니 남자에 의해 내 인생이 어떻게 되었다는 이야기는 조용히 접어두자. 우리는 옛 영화에 나오는 비련의 여주인공이 아니다. 건강하게 현재를 살아가는 씩씩한 여성들이다.

그래도 역시 여자에게는 남자가 수수께끼이며 요물단지인 것은 사실이다. 결혼 전과 후가 180도 달라지는 남자들, 속을 알 수 없는 남자들, 우리 여자들은 이런 남자들 때문에 울고 웃는다.

그러나 남자 없이 살 수 있는가? 그렇다면 얼마나 재미없는 인생이겠는가? 어차피 함께 살아야 한다면, 함께 행복할 수 있는 길을 찾아야 한다. 게다가 남편은 그저 남자이기만 한 것이 아니라 삶의 동반자이며 가장 가까운 친구다. 그런 남편을 적으로 돌리는 것은 어리석은 일이다.

남편을 내 편으로 만들어야 할까

　남녀의 관계, 성, 아이를 낳아 기르는 경험, 타협과 희생 등 결혼이 주는 모든 경험은 우리를 어른으로 성장하게 한다. 결혼은 한 사람으로 완성되는 과정이다. 그 안에서 느끼는 희로애락을 경험해보았느냐 그렇지 않으냐에 따라 삶의 깊이와 넓이가 달라진다.
　남자와 여자가 부대끼며 살아가는 것은 인간이 성숙해가는 한 과정으로 받아들여야 한다. 누군가와 특별한 관계를 맺고 살아가는 경험은 값진 것이다. 서로 원수처럼 싸우기도 하지만, 그 안에서 진짜 사랑을 발견하며 인생을 더 풍부하게 만들어주는 것이기 때문이다.
　그러나 '사랑'이라는 대목에 이르면 콧방귀를 끼는 여성 독자들도 많을 것이다.

"사랑, 이미 볼짱 다 봤는데 이제 와서 무슨 사랑?"

젊은 날 남편의 외도를 경험한 여성은 죽는 날까지 남편을 용서하지 못한다고 한다. 일과 바람난 남편 때문에 외로운 나날을 보낸 여성들도 남편에 대한 서운함을 끝내 버리지 못한다. 그러나 사랑하니까 미운 것이다. 혹은 한때 사랑했기 때문에 미운 것이다. 남편이 미워 죽겠다는 여성들을 보면 그 안에 상처받은 사랑이 숨어 있음을 느낀다.

많은 부부들이 자기만 힘들다고 아우성댄다. 누구나 자기 일이 가장 큰 일처럼 느껴지고 힘든 것이긴 하지만, 한 편이 되어야 할 부부가 서로를 탓하며 시간을 보내는 것은 참으로 안타까운 일이다.

남편이라는 복병을 아군으로 만들어야 한다. 그럼 동지들끼리 서로 싸울 시간은 없다. 함께 헤쳐 나가야 할 미래가 있는데, 내 편의 약점을 하나하나 꼽을 여유가 어디 있는가? 중요한 건 세상에서 가장 가까운 이는 남편과 아내라는 것이다. 그것만 생각하면 감정싸움에 쓸데없이 에너지를 소모할 일은 없을 것이다.

결국 부부는 서로를 연민하며 사는 것이라고 한다. 상대를 불쌍히 여기는 마음으로 살아가는 게 부부다.

2

여자와 남자는 무엇이, 왜 다를까?

 우리에게 필요한 건 현실과 이상의 타협점을 찾는 것이다. 그리고 그를 위해서는 서로 다르다는 것을 먼저 인정해야 한다. 부부는 같은 시간, 같은 공간을 공유하며 사는 이들이기 때문에, 당연히 부부의 경험과 데이터는 비슷하다. 그런데 이상한 것이 있다. 같은 데이터가 남편의 머리에 입력되어, 남편의 머릿속 회로를 한 바퀴 돌고 나면, 완전히 다른 게 되어 나온다는 것이다. 영 다른 말과 행동으로 튀어나온다. 똑같은 형상을 보고 하나는 곰이라고 하고, 하나는 호랑이라고 하는 격이다.
 이게 사람을 미치게 하는 일이다. 완전히 다른 곳에 사는 나와 상관없는 사람이라면 그럴 수 있다고 넘어가지만, 바로 내 옆에서 같은 것을 본 사람이 엉뚱한 이야기를 하면 속이 터지는 것이다.

그런데 우리가 가진 여러 가지 생각 중에 한 가지 착각이 있다. 그것은 우리의 생각이 매우 자유로울 것이라는 착각이다. 생각은 머릿속에서 하는 것이니 무궁무진하게 자유로울 수 있는 것이라고 여긴다.

그러나 실은 그렇지 않다. 우리가 하는 생각이란 매우 작은 틀 안에서 움직인다. 이 고정된 틀은 평생에 걸쳐 형성된 것이고, 한 번 만들어진 틀은 그 사람의 생각을 그 이상으로 뻗어나갈 수 없게 만드는 단단한 벽이 된다. 그래서 내 사고의 틀 속에서 곰도 되고 호랑이도 되는 것이다. 그 틀에서 한 발짝이라도 벗어나는 것은 대단히 어려운 일이다.

입력이 같아도 출력은 다른 부부의 세계

모든 사람이 저마다의 생각의 틀을 가지고 있다. 열 사람이면 열 사람, 백 사람이면 백 사람이 다 생각이 다르다.

친구들과 함께 여행을 갔다고 치자. 그리고 몇 주 후에 만나 지난 여행에 대한 추억을 이야기한다고 하자. 친구들이 하는 이야기가 내가 기억하는 것과 완전히 똑같은가?

나중에 이야기해보면 이상하게 서로 기억하는 부분이 다 다르다. 친구가 하는 어떤 이야기는 암만해도 생각이 나지 않고, 반대로 내가 본 것을 친구는 기억하지 못하기도 한다. 분명 같은 공간에 있었는데 마치 다른 곳에 있었던 것 같은 경험을 여러분도 해보았을 것이다. 그러나 분명 함께 그곳에 있었고, 함께 경험한 일이다.

사람들의 생각의 틀이 다르기 때문에 어떤 사람은 이 일을, 또 다른 사람은 저 일을 기억한다. 또 같은 일을 다르게 기억하기도 한다. 입력이 같으나 출력은 다르다. 하지만 친구와의 사이에 이렇게 사소하게 다른 부분은 대개들 크게 문제 삼지 않는다. 그런데 유독 부부 사이에는 이런 사소한 다름도 감정 문제로 확대되곤 한다.

그건 아마도 기대치가 다르기 때문일 것이다. 내 아내, 내 남편에 대해서는 남들에게 기대하는 것보다 더 많은 기대를 하고, 그것이 조금이라도 무너졌을 때는 실망감이 더해져 감정이 상하고 마는 것이다.

게다가 부부는 모든 것을 떠나 남녀라는 차이가 있다. 남자와 여자는 그 머릿속을 들여다보면 한 곳에 살고 있다는 것 자체가 놀라울 정도로 서로 다르다.

그러나 부부는 그럼에도 함께 살아가야 한다. 다른 인간관계보다 더 밀접하게 관계를 맺으며 살아가야 한다. 이 관계를 바람직하게 풀어내지 못하면 진짜 행복을 찾기는 어렵다.

절대로 같아질 수 없는 남녀의 구조

남녀는 생각하는 방법, 지향하는 바에서 큰 차이가 있다. 나는 여성과 남성의 차이를 이미지화하여 생각해보는 것을 좋아한다.

여성이 '원'이라면 남성은 '선'이다. 여성의 사고의 틀은 동그랗고, 남성의 사고의 틀은 직선적이다. 이는 남녀의 신체 특징과도 부합하는 꽤 괜찮은 이해 방법이다.

남자와 여자가 이렇게 서로 다른 것은, 남녀 특유의 신체적 조건을 갖고 서로 다른 사회적 역할을 하며 진화해왔기 때문이라고 한다. 이에 대해 설명하자면 저 멀리 원시시대까지 거슬러 올라가야 한다.

여성은 원형적인 사고를 한다

나는 여성의 사고의 틀이 원형이라고 생각한다. 당신의 머릿속을 한번 들여다보자.

여성의 머릿속에는 시계가 하나 들어 있는데, 그 시계는 동그란 모양을 하고 있다. 여성에게 시간은, 한 자리에서 커다란 원을 그리며 빙글빙글 돌고 있다.

여성에게는 남성과 달리 출산과 육아라는 역할이 주어졌다. 이는 여성의 인생을 통틀어 가장 인상적인 경험이다. 여성은 신체적인 활동도 임신과 출산에 맞추어져 있다. 예로부터 여성은 주기적으로 돌아오는 생리 주기와 몇 년에 한 번씩 오는 출산의 경험, 그리고 아이를 낳은 후 일정 기간 육아에 집중하는 인생을 살았다.

이런 경험은 삶을 주기적으로 반복되는 것으로 생각하게끔 만들었다. 우리 여성들의 시계는 원을 그리며 계속 돌아가는 것이다.

그리고 여성은 자신이 낳은 아이들과 공동체를 이루며 산다. 원시시대는 모계 중심 사회였다는 것을 모두 알고 있을 것이다. 일부일처제의 개념이 없던 원시시대에는 여성은 자신이 낳은 아이들을 키우며 가족을 이루었다.

엄마를 중심으로 사방에 아이들이 자리하고 있는 공간을 생각해보자. 지금 우리들의 집과 크게 다르지 않다. 여러분이 늘 주위를 살피며 아이들을 케어하고 집안일을 재빠르게 해치우는 것을 생각해보라. 여성은 사방을 두루두루 살피며 공동체적인 삶에 가장 알맞도록 신체와 사고가 발달되었다.

말하자면, 여성에게 시간의 개념은 돌고 도는 주기적인 것이며, 관계의 개념도 가족을 중심으로 하는 원형적인 것일 수밖에 없다. 여러분도 이에 동의하는가?

남성은 직선적인 사고를 한다

그렇다면 남성들이란 도대체 어떤 동물인지 한번 생각해보자.

원시 여성들이 이런 삶을 살아오는 동안 원시 남성들은 어떤 삶을 살았을까?

남성은 태어나고 자라서 늙어 죽을 때까지, 여자만큼 신체적으로 큰 변화가 없다. 그래서 남자에게 시간이란 흘러가는 것이다. 낮과 밤, 계절의 변화 외에는 무엇도 다시 돌아오지 않는다. 따라서 남자의 머릿속에는 한 방향으로 쭉 가는 시계가 들어 있다.

결혼 제도가 들어서기 전까지 남자는 자기 자식이라는 것도 없었다. 자연스럽게 형성되는 공동체에 소속되지 않았다는 것이다. 따라서 남자는 본능적인 애착 관계보다는 사회적인 관계에 더 관심을 갖는다. 가족과 보내야 할 저녁 시간에 회사 동료들과 술을 마시고 있는 여러분의 남편을 떠올려보라.

가족이라는 공동체 없이 혼자 살아가는 원시 남성은 어쩌면 더 냉정하고 치열한 삶을 살아야 했을지도 모른다. 여성보다 뛰어난 신체적 조건과 힘을 가진 그들에게 주어진 역할은 아이들을 돌보는 것이 아니었다. 그들에게 중요한 것은 저 앞에 달려가는 멧돼지였다. 그 멧돼지를 잡아 무리들을 먹여 살려야 했던 것이다.

정리하자면, 남성은 여성과 달리 시간 개념도, 공간 개념도 일직선으로 쭉 뻗어 있는 것이 아닐까 생각된다. 그들은 여성들처럼 아이라는 큰 선물로 인해 삶이 완전히 변화할 기회도 없고, 그저 한 방향을 향해 전력으로 달려야 했던 존재들이 아닐까?

남편, 아내의 임무와 사랑까지 동시에 하는 건 벅찬 일

이렇게 진화해온 남녀가 서로 다른 것은 어쩔 수 없는 일이다. 원시시대로부터 물려받은 다른 유전자를 가지고 있기 때문이다.

그런데 이런 다른 성향을 가진 남녀가 결혼을 해 함께 살기까지 한다. 20대의 혈기왕성한 시절부터 늙어 죽을 때까지 서로 사랑하고 살아야 하는 공동 운명체가 된다.

부부는 서로에게 기대어 살기 때문에 서로에게 더 엄격해질 수밖에 없다. 상대가 완벽하게 의무를 다할 것을 요구한다.

'죽을 때까지 아내로서, 남편으로서의 의무를 다해라.'

'그리고 죽을 때까지 사랑해라.'

이렇게 의무와 사랑을 동시에 요구하는 부부라는 관계 자체가 이미 너무나 복잡한 관계이다.

아내는 매일 아침마다 제일 먼저 일어나 식구들 아침식사를 준비한다. 전업주부도 그렇지만 맞벌이라도 이는 아내의 몫이 된다. 그런데 깨워줘도 식구들이 일어나지 않으면 아내는 아침부터 신경이 곤두선다. 애들은 애들이라 그런다지만, 남편 깨워서 밥 먹여 출근시키다 보면 '내가 아내인지, 엄마인지……' 하는 한심한 생각도 든다.

남편들은 또 다른 생각을 갖고 있다. 우리 사회에서 남편들은 실로 과중한 임무를 짊어지고 산다. 우리나라는 OECD 국가 중 업무 시간이 가장 긴 나라다. 끊임없이 업무 능력을 평가받아야 하며, 그러면서도 정년을 보장받지 못한다. 남편이 집안에서 남편이자 아빠 노릇을 할 시간적, 정신적 여유가 없다. 그리고 식구들이 자기 두 어깨에 매달려 있는 것 같은 무거운 기분을 느낀다. 자연히 남자들은 집안 문제에서 눈을 돌리고 아내에게 모든 것을 떠맡겨버린다.

집안일을 모두 떠안게 된 아내는 점점 잔소리쟁이가 되어간다. 많은 아내들이 남편에게, 엄마가 아들에게 하는 것과 비슷한 잔소리를 하며 산다. 이렇게 엄마와 아들같이 살면서, 서로에 대한 사랑의 감정을 유지하기는 정말 어렵다.

부부들은 자기 임무를 다하며 사는 데도 벅차다. 그들에게 사랑까지 하라는 것은 어찌 보면 과한 책임인 것이다. 많은 부부들이 잃어버린 여자, 남자로서의 정체성을 밖에서 찾게 되는 것은 이런 벅찬 삶의 무게 때문이다.

3

부부, 소통에서
답을 찾을 수 있을까?

 살면서 말이 잘 통하는 사람을 만나는 즐거움은 매우 크다. 잘 통하는 새로운 친구가 생겼을 때 사람들은 굉장한 활기를 느낀다.
 인생을 살면서 사람 만나는 재미만큼 큰 것은 없다. 그런데 자신의 배우자로 말이 통하는 사람을 만났다면, 그 사람은 정말 복이 많은 것이다. 많은 부부들이 입을 닫고 사는 요즘 같은 때, "나는 우리 집 사람에게 무슨 말이든 할 수 있어"라고 말할 수 있는 사람이 있다면, 인생의 가장 든든한 아군을 만난 행운을 얻은 것이다.
 그러나 자세히 살펴보면, 이런 사람이 운이 좋아서 말이 잘 통하는 배우자를 만난 것이 아니다. 그 사람 자체가 소통의 능력을 갖고 있는 것이다. 부부 사이에 불통으로 지내는 이들은 상대를 탓하기 전에 자기 자신을 돌아봐야 한다. 내가 진정 소통의 능력이 있는 사람인가 아닌가를 말이다.

"친구들과는 말 잘 통하는데, 뭘. 남편하고만 안 통해요."라는 사람들도 있지만, 이건 오산이다.

친구들은 대개 좋은 말만 해준다. 그래서 친구가 좋은 것이기도 하지만, 서로 불편하지 않게 대하려고 노력하기 때문에 그다지 부딪칠 일도 없다.

그러나 부부는 몇 십 년을 한 집에서 산다. 잠깐 만나 좋은 말 해주는 친구와는 다른 것이다. 그래서 사회생활을 할 때는 문제가 없어 보이던 사람도 부부 사이에서는 불통이 되는 경우가 많다. 그런데 그건 결혼 전에 문제가 없었다기보다는, 문제가 드러나지 않았었다고 봐야 한다.

내 말은, 소통 불능일 때는 역지사지로 생각해야 한다는 것이다. 과연 내가 옳고 상대가 틀린 것일까? 나는 상대의 말을 다 이해하는데 상대는 내 말을 이해하지 못하는 것일까?

소통 불능은 두 사람 모두의 책임이다. 어느 한쪽이 옳고 어느 한쪽이 틀려서 생기는 문제가 아니다.

나에게는 문제가 없을까?

예전에 내가 한창 아이 키우며 일하느라 바빴을 때, 남편이 생일 선물로 무얼 받고 싶으냐고 물었다. 나는 "시간이 필요해. 시간을 줬으면 좋겠어"라고 말했다. 그런데 남편의 생일 선물이 기가 막혔다. 시간을 선물한다고 시계를 사 온 것이었다. 나는 내 일을 조금만 도와줬으면 하고 한 말인데 시계라니, 속으로 화가 났다. 이렇게 말이 안 통해서야……. 사람들은 이렇게 소통하는 방법이 다르다. 남자는 대개 직접 화법을 쓰고 여자는 간접 화법을 쓴다. 그래서 남녀 사이는 특히나 대화가 안 통한다. 남자가 보기에 여자는 빙빙 돌려서 말하는 것 같고, 여자가 보기에 남자는 말을 잘 못 알아듣는다.

여자는 사업적인 관계가 아니라면 논리적이고 직접적으로 말하는 것보다 대화를 통해 전달되는 분위기를 중시 여긴다. 그런 것을 남자들은 잘 모르는 것 같다. 내가 '시간을 줬으면 좋겠다'고 말했으면, 거기서 내가 원하는 것이 무엇인지 캐치해야 하는데 그걸 못하는 것이다. 시간이 필요하다고 했으니까 시계를 사주자, 이렇게 단순하게 해석하고 만다.

반대로 나는 남자들에게 통하는 대화법이 무엇인지를 잘 몰랐다. 정확하게 무엇을 원하는지 말했어야 하는데, 내 말투와 표정 속에서 내가 무엇을 느끼는지 상대가 알아주기를 바랐던 것이다. 어쩌면 남편이 선물을 고르라는 말을 했을 때, 함께 즐거운 생일 분위기를 만드는 것보다는 내 푸념하기에 바빴는지도 모른다. 둘 다 대화를 나눌 자세는 아니었던 것이다.

  직장이고 가정이고 인간관계가 처음이자 마지막이다. 사람과 사람 사이의 관계에서 모든 생산적인 일이 이루어진다. 호흡이 잘 맞는 사람들과 일을 하면 일의 능률은 두세 배로 올라간다. 통하지 않는 사람과 일을 하면 효율이 떨어져 결과도 좋지 않다.

  가정에서 대화가 잘 통하면 생활에서 쌓인 스트레스도 견딜 만한 것이 된다. 그런데 말이 잘 통하는 사이가 되려면 많은 시간과 노력이 필요하다. 결혼했으니 서로를 다 안다고 생각하며 멋대로 판단해서는 관계가 발전되지 않는다. 직장에서도 회식 몇 번 한다고 단단한 인간관계가 구축되지는 않는 것처럼 말이다. 서로를 알아가는 긴 시간과 상대를 배려하는 마음이 합쳐져 진정한 소통 관계가 생기는 것이다.

소통은 공감 능력이 필요한 고도의 기술

  소통을 잘하는 사람의 특징은 공감 능력이 뛰어나다는 것이다. 상대가 지금 어떤 감정 상태에 있는지 이해하고, 상대의 희로애락을 내 것처럼 공감할 수 있는 능력이 있다.

"가장 소중한 사람은 나를 알아주는 사람"이라는 말도 있다. 내 감정에 함께 동요하고 함께 아파해줄 수 있는 사람에게 마음이 열리지 않을 사람은 없다.

소통은 세심한 공감 능력이 필요한 고도의 기술이다. 그러나 상대에 대한 관심만 있다면, 누구나 소통으로 가는 길을 찾을 수 있다. 상대가 무엇을 원하는지 말하지 않아도 열심히 관찰하면 힌트를 얻을 수 있다. 혹시 빗나가더라도 그 노력이 상대의 마음을 열어줄 것이다. 마음이 열려야 입이 열린다.

타인과의 소통이란 것이 막막하게 느껴지지만, 상대가 원하는 것을 찾아 해결해준다는 기본만 생각하면 결코 불가능한 것은 아니다. 어차피 완전한 소통이란 없다. 완벽하게 이해하고 이해받아야 한다는 것은 억지일 수도 있다. 그렇다면 그게 '나'이지, '남'이겠는가?

마음을 편안히 갖고 마음의 목소리에 귀를 기울여보자. 열심히 이해하려고 노력해보자. 그게 시작이다.

부부 사이에도 영업의 기술이 필요하다

한 집에서 살아온 부부라 해도 서로 다른 것은 어쩔 수 없다. 게다가 남녀라는 차이까지 있으니 더욱 다를 수밖에 없다. 부부는 그것을 인정하고 서로를 이해해야 한다.

부부는 같아지려는 노력이 아니라, 소통하려는 노력을 해야 한다. 서로 다른 사람끼리 만나 타협하는 것이 결혼생활이다.

소통의 시작은 상대를 인정하는 것이다. 상대를 내 식대로 바꾸려 들어서는 안 된다. 먼저 긍정의 태도로 대하고, 친밀한 사이일수록 더 적극적인 피드백이 필요하다. 이것이 부부 사이에 필요한 '영업'이라는 것이다.

가까운 사이일수록 예의를 갖춰야 한다는 말이 있다. 부부 사이에도 서로에 대한 예의를 잃으면 관계는 무너진다. 밖에서 만나는 사람만큼만 남편에게 해보라. 남편이라고 생각하지 말고, 차라리 남이라고 생각하자. 그러면 남편을 대하는 태도는 180도 달라질 것이다.

이런 태도로 서로를 대하면 부부 소통은 저절로 이루어진다. 자기를 인정해주고 적극적으로 피드백해주는 사람에게는 마음이 열리기 마련이다.

4

남자는 여자하기 나름이라고?

남편과 일상을 함께하면 가장 문제되는 것이 무엇일까? 나는 다음의 세 가지를 꼽는다.

첫째, 소통의 문제(대화가 안 되는 것, 섹스 트러블 등이 모두 포함된다).
둘째, 집안의 큰일에서 의견이 맞지 않는 문제(여기에는 돈 문제, 시댁 문제들도 포함된다).
셋째, 집안일을 나누는 문제.

첫 번째 문제는 부부 사이에 가장 기본이 되는 문제이다. 부부가 소통하지 못하면 그다음의 문제들은 해결할 수 없기 때문이다.

두 번째 문제는 부부가 아무리 노력해도 해결되지 않는 부분이 있다. 그래서 힘든 문제이기도 하다. 그러나 부부가 합심해서 헤쳐 나가려는 노력까지는 부부의 몫이다.

결국 이런 문제의 해결점을 찾기보다는, 함께 노력해가는 것에 집중해야 한다.

세 번째 문제는 제일 사소해 보이지만, 가장 스트레스가 되는 문제다. 결국 부부의 일상은 매일 반복되는 하루 일과의 반복이기 때문이다. 이런 일상적인 부분에서 트러블이 생기는 것이 여자들을 가장 짜증나게 한다.

이런 문제들에 대처하여 남편을 진정한 내 편으로 만들기 위해서는, 우리 여자들이 좀 더 똑똑해져야 한다. 남편과 협력하려면, 남편을 잘 알아야 한다. 남편도 조작이 어려운 기계처럼 사용설명서를 숙지할 필요가 있다.

남자는 복잡하면서도 단순하다. 그렇기 때문에 남자는 여자하기 나름이라는 말이 나오는 것이다. 〈남자 사용설명서〉라는 재미있는 제목의 영화가 있었다. 도대체 남자들을 어떻게 대해야 하는지 고민하는 여성들에게 공감이 갈 만한 제목이었다.

여기서는 남편 사용설명서를 이야기해보자. 남편과 어떻게 하면 서로에게 도움이 되는 윈윈 관계가 될 수 있을까? 이를 위해 알아두어야 할 몇 가지가 있다.

남자에게 여성과 같은 세밀한 감성을 기대하지 마라

우선 남자에게 기대해서는 안 되는 것이 있다. 남자에게 여자와 같은 감성을 기대하는 것은 무리다. 여자들은 남자가 당연히 알아주어야 할 것들을 알아주지 않을 때 서운해 한다. 여자들끼리라면 당연히 알 수 있는 감정의 변화를 남자는 눈치 채지 못한다. 남자는 여자에 비해 공감 능력이 부족하며 여자처럼 상대의 마음속을 들여다보지 못하고, 겉으로 드러난 말과 행동을 위주로 인지한다. 그래서 남자에게는 표정 언어, 몸짓 언어가 통하지 않는다.

남녀가 하는 대화 중 하나를 들어보자.

여자 : 그걸 꼭 말로 해야 알아?
남자 : 그럼, 말로 해야 알지. 내가 초능력자냐?

이런 대화에 많은 이들이 공감할 것이다. 남녀가 서로를 알아가며 꼭 겪게 되는 과정이기 때문이다. 30년 넘게 결혼생활을 해본 내가 여기서 그 답을 해주려 한다.

"그렇다, 남자는 말로 해야 안다. 남자는 슈퍼맨도, 초능력자도 아니니까."

그러면 많은 여성들이 이렇게 반박할 것이다.

"나는 슈퍼우먼도, 소머즈도 아니지만 상대가 무슨 일로 서운해 하는지 알 수 있어요."

그러나 그건 당신이 여자이기 때문이다.

여자는 공감 능력이 발달되어 있다. 주위 사람을 세심하게 살피는 것은 원시시대부터 여자들의 일이었다. 여성의 공감 능력과 따뜻한 감성은 여성의 강력한 무기였으며 그 능력으로 여성들은 아이를 키우고 가족관계의 중심이 되어왔다. 그러니 여성 고유의 능력을 남자에게 강요하지는 말자.

간혹 남자들이 이런 말을 할 때가 있다.

"여자들은 동등한 권리를 주장하려면 무거운 것도 스스로 들고, 힘든 일도 남자와 똑같이 해라."

젊은 남자들이 이런 말을 할 때면 참 한심하다는 생각이 든다. 신체적인 조건이 다른 여자에게 같은 것을 요구한다는 게 참으로 유아적인 발상이라는 생각이 들어서다. 남자든 여자든 서로의 차이를 인정하고 함께할 수 있는 방법을 찾는 게 건강한 마음가짐이다. 남자에게 너무 부담스러운 감성을 요구하지 말자. 내 마음을 먼저 알아줄 거라고 생각하지도 말자. 여자가 바라는 그런 다정다감한 남자는 존재하지 않는다. 또 그런 남자가 있다 하더라도 오히려 여자들은 그런 사람에게 피로감을 느낄 것이다. 오래 살아보면 남자의 단순함이 오히려 사랑스러운 면이라는 걸 알게 된다.

건망증에 걸린 남자들을 이해하라

그런데 여자들에게 더욱 절망적인 말이 있다. 남자는 말을 해도 못 알아듣는다는 것이다.

양말을 뒤집어놓지 말라고 수백 번을 이야기해도 듣지 않고, 변기 뚜껑을 내려놓으라고 수백 번 이야기해도 소용없다. 이런 일이 반복되면 '날 무시하나?' 하는 생각까지 든다. 그리고 살면서 이런 사소한 것들이 쌓여 큰 싸움이 되어버린다.

그러나 이런 일들이 나에 대한 감정과 배려의 문제라고 생각해서는 안 된다. 그렇게 생각하고 남자를 닦달하다가는 그저 잔소리꾼이 되어버린다. 그리고 정말 들어줬으면 하는 이야기에 귀를 닫아버리게 된다. 하기 어려운 것을 계속 요구받으면 사람은 그저 피하고만 싶어지는 것이다.

여기에 남자와 여자의 차이가 있다. 축구 선수로 치자면, 여자는 미드필더이고 남자는 스트라이커이다. 여자는 경기를 두루 보고 적절한 선수에게 패스하는 역할을 잘한다. 그러나 남자는 드리블에 능하고 슛을 넣었을 때 희열을 느낀다.

남자는 멀티플레이어가 못 된다. 오로지 하나만 생각하고 그 외의 일들에는 주의를 기울이지 않는다. 그리고 자기가 원하는 일에 집중할 수 없게 되면, 그때부터는 도망갈 궁리로 골몰하는 것이 남자다.

남편을 심부름꾼으로 만들지 마라

　말을 해도 말귀를 못 알아듣는 남자들. 나는 차라리 여성들에게 잔소리는 그만 하고 남편에게 뚜렷한 과제를 주라고 충고하고 싶다.
　그 과제는 자질구레한 심부름이어서는 안 되며 설거지, 청소기 돌리기를 그때그때 부탁하는 것은 남자를 수동적으로 만들 뿐이다. 그것보다는 거실이면 거실, 베란다면 베란다를 남자의 영역으로 분담하고 그것을 책임지게 하는 게 좋다.
　화장실이나 쓰레기 분리수거를 남자의 몫으로 하는 것도 좋다. 아니면 요일별로 식사 당번이나 설거지 당번을 정하는 것도 방법이다.
　물론 일의 분담은 함께 상의해서 정해야 하며 서로에게 어떤 일이 더 좋고, 어떤 일이 더 힘든지 대화를 나눈 후 자신의 역할을 정해보라. 말하자면 남자를 심부름꾼으로 만들지 말고 협력자로 만들라는 것이다.
　이때 여자는 감독자가 되어서는 안 되는데, 남자가 하는 일을 감독하고 잘하지 못했을 때 지적하는 것은 사감 선생님이나 하는 일이다. 그러나 잔소리를 참으려면 처음에는 대단한 인내심이 필요할 것이다. 집안이 돼지우리가 되는 꼴을 지켜보는 심정일 것이다. 그러나 이 과정을 견뎌야 한다. 그래야 남편과 함께 집안의 소소한 일들을 함께 해나가는 기쁨을 누릴 수 있다.

남자를 다루는 게 차라리 쉽다

　남자는 여자의 속마음을 말로 해야 알아듣고, 어떤 건 말을 해도 못 알아듣는다. 여자와 남자의 소통은 정말 쉽지 않다. 그러나 남자는 여자 하기 나름이다. 어떤 이들은 여자끼리 살면 훨씬 좋을 것 같다는 말도 하지만, 그건 모르는 소리다. 여자를 움직이는 건 남자를 움직이는 것보다 훨씬 어려운 일이다. 더 오랜 시간과 많은 노력이 필요하다. 우리가 남자와 살 수 있는 걸 행운으로 여겨야 한다.
　남자는 조금만 노력하면 통하는 부분이 있다. 그건 우리가 여자이기 때문이다. 남자와 여자가 함께하는 건 음양의 이치, 노력과 요령을 조금만 보탠다면 그다음은 순리대로 자연스럽게 이루어지는 법이니 너무 힘들게만 생각 말고 당신의 능력을 한번 발휘해보시라.

소통을 위한 적용점

남과 여 원하는 소통은 따로 있다

여자가 원하는 소통과 남자가 원하는 소통은 어떻게 다를까? 서로 무엇이 어떻게 다른지 한번 짚고 넘어가보자. 상대가 원하는 소통이 무엇인지 알면, 부부 소통으로 가는 힌트도 얻을 수 있을 것이다.

여자는 이렇게 소통하고 싶다

여자는 반짝이는 것에 본능적으로 끌리는 존재다. 그래서 액세서리를 좋아하고 보석을 좋아한다. 미에 대한 본능적인 욕망이 있다.

그래서 여성은 사람과의 관계도 아름답기를 원한다. 할 말만 하고 사무적으로 삭막하게 주고받는 관계는 관계가 아니라고 여긴다. 만약 남편이 아내를 사무적으로 대한다면, 아내는 남편과 사장님을 구분할 수 없게 된다. 친밀한 관계에서의 소통과 사무적인 관계에서의 소통은 절대 같을 수 없다고 생각한다.

여성에게 대화는 언제나 '의사소통을 위한 대화'와 '관계를 돈독히 하기 위한 대화', 이 두 가지로 나뉜다. 남자들은 그걸 알아야 한다.

여성은 대화의 내용 자체보다 분위기를 중시한다. 상대의 말투, 톤의 높낮이, 말끝을 조금 올리는지 내리는지의 차이까지도 알아채는 게 여자다.

아내와 하는 대화는 무조건 의사소통을 위한 대화보다 감정을 주고받는 대화가 더 많아야 한다. 그렇지 않으면 아내는 남편을 사무적인 관계로 인식하게 된다. **여자는 감정을 주고받는 것을 소통이라고 생각한다. 관심과 사랑을 나누는 것이 여자가 진정으로 원하는 소통이다.**

남자는 이렇게 소통하고 싶다

남자들을 자세히 관찰해보면, 평소에 과묵하던 사람도 가장 신나게 이야기할 때가 있다. 바로 자신의 논리를 펼칠 때다. 자신이 생각하는 것을 타인에게 설명할 때는 남들이 끼어들 틈이 없을 정도로 자신의 말에 도취된다. 여자들은 이런 남편을 보고 어이없어 할 때도 있지만, 이것이 바로 남자들이 좋아하는 대화이다.

남자들이 대개 아내와의 대화를 회피하는 건, 남자는 논리적이지 않은 대화에 유독 피로감을 느끼기 때문이다. 아내들이 남편과 '대화를 하고 싶다'고 하는 것은 대개 주제도 없고 결론도 없는 이야기다. 무엇에 대해 이야기하고 있는지도 알 수 없는 긴 대화는 남자를 지치게 한다.

그런 남편과 대화할 방법은 딱 두 가지뿐이다. 하나는 남편의 '궤변'을 들어주는 것, 또 하나는 남편의 '자랑'을 들어주는 것. 이 주제라면 남편은, 거기에 아내가 맞장구를 치든 반박을 하든 신나게 대화할 것이다. 이럴 땐 아내가 적극적으로 반론을 제시해도 좋다. 아내의 반론은 남편을 더 신나게 만들테니까.

그러나 주제가 없는 이야기는 남편의 머릿속을 점점 미궁 속으로 빠뜨린다. 또 돈 문제라든가, 시댁 식구 문제처럼 당장 해결이 불가능한 이야기는 남자의 입을 닫게 만든다.

남자는 의견을 교환하는 것을 소통이라고 여긴다. 남자도 말하고 싶어하고, 소통하고 싶어한다. 그러지 못하면 혼자 고립된 듯한 외로움을 느낀다. **그런데 남자가 원하는 소통은 함께 생각을 나누는 것이다.**

여자와 남자의 다른 언어생활

여성이 하루에 쓰는 단어는 5000~8000단어라고 한다. 이에 비해 남성이 하루에 쓰는 단어는 2000~4000단어밖에 되지 않는다. 또 여성이 대화에서 중요하게 여기는 것은 유대관계이고, 남성이 대화에서 중요하게 여기는 것은 의견교환이다. 서로 언어생활 자체가 다른 것이다.

남녀가 서로 대화를 나눌 때 알아야 할 것이 있다. 여성의 말에서 중요한 것은 행간, 남성의 말에서 중요한 것은 내용이라는 것이다. 또 여성은 끝까지 다 들어봐야 아는 미괄식으로 말하길 좋아하고, 남성은 두괄식으로 말하길 즐긴다.

이런 특징을 알고 대화를 시작해야 서로에 대한 오해를 방지할 수 있다.

남과 여, 휴식 취하는 방식도 다르다

결혼해서 남자와 함께 살다 보면 참 이상한 것이 있다. 여자들은 직장에서 일을 하고 집으로 돌아와도 집안일을 척척 해내는데, 남자는 집에 오면 소파로 직행해 일어나질 않는 것이다. 주위에 온갖 쓰레기들이 널려 있어도 치울 생각을 안 하고, 심지어는 애가 울고 있어도 달래줄 생각을 하지 않는다.

이런 남편을 보며 여자들은 실망할 수밖에 없다. 성인과 결혼한 것이 아니라 다 큰 애를 기르는 기분이 든다. 그러나 남자와 여자는 근본부터 다르다는 것.

집에 들어온 남자의 뇌 속을 파헤쳐보자. 도대체 남자들은 어떤 뇌 구조를 가졌길래 그리도 집안일에 무심한 것일까?

남자의 잠자는 뇌

남자가 집에 돌아와 쉴 때 뇌 영상을 촬영해보면 재미있는 결과가 나온다. 뇌의 거의 모든 부분이 휴지 상태가 되는 것이다. 마치 전깃불이 나간 것처럼 전체가 깜깜해진다고 한다.

그리고 단순한 시각 처리 부분만 살짝 켜져 있다고 한다. 남자가 소파에 누워 TV를 보며 눈동자만 굴리고 있는 것은 이런 이유 때문이다.

만약 옆에서 애가 운다면 남편의 청각을 통해 들어간 신호가 뇌에 전달될 것이다. 그러나 귀에 들린다고 해서 들리는 것은 아니다. 그 감각에 대해 적절한 판단을 내리는 것은 뇌의 역할이다. 그런데 뇌가 잠자고 있기 때문에 그것이 아기 울음소리로 잘 인지되지 못한다. 따라서 일어나 안아주어야겠다는 명령도 내리지 못한다.

여자의 깨어 있는 뇌

반대로 여자는 일을 마치고 집에 돌아와 쉴 때도, 뇌가 잠자지 않는다고 한다. 휴식을 취하는 여자의 뇌를 촬영해보면, 몸은 쉬고 있어도 뇌는 쉬지 않고 분주하게 움직이고 있다고 한다. 쉼 없이 주변에 있는 쓰레기를 인지하고, 앞으로 해야 할 일에 대해 판단과 명령을 내린다.

여자가 쉬고 있을 때 뇌의 활동량은 남자가 무언가에 집중하여 열심히 일하고 있을 때의 활동량과 맞먹는다고 하는데, 이걸 보면 집에서도 끊임없이 움직이는 여성들의 힘이 어디서 나오는지 알 수 있을 것이다.

잠자는 뇌에 잔소리는 소귀에 경 읽기

많은 아내들이 쉬고 있는 남편에게 잔소리를 하지만, 그것은 소귀에 경 읽는 것이나 다름없다. 잠자고 있는 뇌를 어떻게 깨울 수 있겠는가? 휴식을 취하겠다고 마음먹은 남자의 귀에는 아무것도 들리지 않는다는 것! 슬프지만 어쩔 수 없는 사실이다.

5

남편의 기만 살리며 이대로 살 것인가

　남자는 여자보다 독립적인 존재이긴 하지만, 그래도 똑같은 사람이다. 누군가에게 이해받기를 원하고, 때로는 위로받고 싶어하기도 한다. 그래서 여자들은 남자의 아침밥을 살뜰히 챙기는 만큼 남자의 마음도 다독여줘야 한다.
　남편이 기가 죽으면 가정의 화목은 어딘가 모르게 균형이 깨진다. 그것은 아내들도 바라는 바는 아닐 것이다. 그렇다면 남편의 기를 살려주기 위해 어떻게 해야 할까? 그 방법은 바로 따뜻한 말과 스킨십이다.
　아내들은 좀 더 사랑을 표현할 줄 알아야 한다. 그리고 "당신의 아내라서 행복해요"라는 걸 계속 어필해야 한다. 이것저것

다해주고도 말을 잘 못해서 관계를 망가뜨리는 여자들이 많다. 남편의 기를 살려주는 건 다른 게 아니다. 아내가 자기로 인해 행복하고, 또 언제나 그 자리에서 자신을 사랑해주면 남편은 커다란 만족감을 느낀다. 아내의 말 한마디는 남편에게 힘을 주기도 하고 관계를 망가뜨리기도 한다는 점을 명심해야 한다.

또 남자는 말로 해야 감정을 알아듣는다는 이야기를 했지만, 그보다 남자가 더 잘 이해하는 것은 몸으로 하는 언어, 한마디로 스킨십이다.

남자는 어려서부터 감정표현을 억제하도록 교육받는다. 거친 세상을 살아가다 보면 감정에 빠져드는 것을 최대한 억제해야 하기 때문이다. 그런 남자들이 마음을 풀어놓을 수 있는 시간과 공간은 아내와 함께 있는 편안한 시간뿐이다.

남자에게 세상은 온통 경쟁 상대밖에 없다. 남자에게는 우리 여자들처럼 살가운 친구 관계도 없다. 여자들처럼 손을 잡아주거나 안아주는 친구가 없는 남성들은 얼마나 외롭겠는가? 그런데 아내에게조차 따뜻한 스킨십을 받지 못한다면 어디서 위로받을 수 있겠는가?

부부가 오래 살다 보면 처음과 같은 애틋함은 사라지게 마련이다. 서로가 공기 같은 존재가 된다. 특별히 상대에게 사랑을 표현할 이유도 없어지고, 사랑하는지 어떤지도 무감각해진다. 그러나 어디까지나 부부는 남녀 관계여야 한다. 그리고 그 관계의 열쇠를 쥐고 있는 것은 여자다.

남편과 공생하기 위해서는?

그러나 우리 여자들이 남편의 기만 살려주며 살 수도 없다. 여자들도 원하는 것이 있고, 세상 살면서 여자도 똑같이 힘들기 때문이다. 그런데 다행히도 남편의 기를 살려주며 동시에 아내도 행복해질 수 있는 길이 있다. 그것은 여성들이 스스로 행복한 아내가 되는 것이다.

남자는 자신의 아내가 남부럽지 않게 행복한 것을 보았을 때 자존심에 상처를 입지 않는다. 여자는 세상 누구보다 행복해 보여야 한다. 남자는 그런 여자 옆에 있고 싶어한다.

남자의 기를 살려주고 동시에 아내로서 대접받는 가장 쉬운 방법이 그것이다. 바로 행복한 아내가 되는 것. 생활에 찌든 모습을 보이지 말고, 누구보다 행복하게 살아가는 모습을 보여줘야 한다. 그것이 여성 자신의 생활을 더욱 활기차게 만들어주기도 한다. 누군가 행복을 줄 거라는 기대 대신, 스스로 행복을 찾아가는 여성은 아름답다. 그것이 부부 사이에 꼭 필요한 활력을 제공해줄 수 있는 것이다.

누구보다 행복한 아내처럼 보여라

남자는 자유를 원하고 성취감을 원하는 존재이지만, 이런 남자의 성취감 속에는 자기 여자의 행복도 포함되어 있다. 남자는 자신으로 인해 여자가 행복한 것에 만족감을 느낀다. 자신 때문에 불평하는 여자를 볼 때 남자는 자괴감에 빠진다. 자신을 멀리하는 아내에게도 상실감을 느낀다.

아내들은 마음을 바꿔 먹어야 한다. 남편이 있어서 행복하고, 아이들이 있어서 행복하고, 양가 부모님이 계셔서 행복하다고 말할 수 있어야 한다. 그런 긍정적인 마인드를 가져야 얼굴에 행복한 기운이 배어난다. 늘 불평에 싸여 언제 터질지 모르는 시한폭탄처럼 남편을 조마조마하게 만들지는 말아야 한다.

"행복하게 해줘야 행복하죠."
라는 여성들이 많지만, 과연 그럴까?
당신은 행복할 만한 상황이 아니라고 생각하는가?

행복하기로 마음먹으면 행복할 수 있다

얼마 전에 TV를 보니 김제동이 "행복하지 않을 이유가 하나도 없습니다"라는 말로 사람들을 웃기고 있었다. 사람들이 김제동에게 홀아비라고 놀릴 때마다 김제동은 웃으면서 "행복하지 않을 이유가 하나도 없습니다"라고 주문처럼 반복했다. 물론 웃음의 소재로 다른 개그맨들과 주고받은 말이었지만, 나는 김제동의 그 말이 아주 의미가 깊은 말이라는 생각이 들었다. 행복을 멀리서 찾기 때문에 행복하지 않은 것이다. 남편과 애들이 속 썩이고 있는 와중에도 행복하자고 맘먹으면 행복하지 않을 이유가 없다. 행복은 나 자신에게서 찾는 것이기 때문이다. 그리고 나 자신으로부터 행복이 시작되는 것이다.

행복이라는 말이 너무 추상적이라면 '재미'라는 말로 바꿔 봐도 좋다. 행복이 별건가. 계속 재미있다 보면 행복하다고 느껴지는 것이다. 하루하루의 일과를 의무로 느끼면 사는 게 지루해진다. 늘 반복되는 일상이지만 거기서 재미를 찾으면 그것이 쌓여 행복이 된다.

자신을 행복하게 만들 만한 거리는 많이 만들수록 좋다. 여유가 있다면 무엇을 배운다거나 하는 것도 좋다. 너무 푹 빠져 가족들을 등한시하지만 않는다면 말이다.

서로에게 따뜻한 부부가 원원의 비결

부부가 사랑의 감정을 유지해가기 위해서는 노력이 필요

하다. 그리고 이는 감성이 더 발달되어 있는 여자의 노력이 더 필요한 부분이다. 처음 만났을 때와 같은 설렘을 기대하기보다는 함께 쌓아가는 소통에 집중하자.

부부의 사랑은 상대에 대한 따뜻한 이해를 기반으로 하는 것이지, 남녀간의 호르몬 작용으로 불타오르는 감정에 기대서는 안 되는 것이다. 이미 그럴 단계가 지나도 한참 지났으니 포기할 것은 포기하자. 그러나 상대에게 인정받고 위안받는 따뜻함은 호르몬보다 더 진한 사랑을 낳는다.

이런 사랑은 누구 혼자서 만들 수는 없다. 그러나 내가 먼저 노력할 수는 있다. 실제로 위기를 맞은 부부들이 함께 부부상담을 받으며 관계가 좋아지는 예들이 많다. 지금 당장 부부상담을 받기 어렵다면 내가 먼저 손을 내밀어보는 것이 어떨까?

6

밖으로 도는 남편을 바꿔라

남자들에게 이상형을 물으면 이렇게 대답하는 이들이 있다.
"나의 이상형은 처음 만난 여자다."
요즘 사람들이 하는 농담 중 하나지만, 익숙한 관계가 되면 금방 싫증을 내고 새로운 여자에게 끌리는 남자들의 심리를 캐치해낸 절묘한 말이라는 생각도 든다.
이런 남자들의 심리 때문에 집에 있는 아내들은 늘 초조한 입장이 된다. 아무리 아름다운 여자라 해도 매일 보다 보면 익숙해질 수밖에 없다. 그렇다고 몇 년에 한 번씩 페이스오프를 할 수도 없고 말이다.
그러나 오래된 부부 사이에 존재하는 안정감은 밖에서 새롭게 만나는 어떤 여성과의 사이에서도 가질 수 없는 것이다. 그것을 알고 이용할 줄 아는 현명한 여자들은 남편이 '처음 만난 여자'에게 호감을 느낄까 봐 전전긍긍하지 않는다.

외모가 아닌 소통 궁합으로

남자들은 생각보다 이런 편안한 관계를 좋아한다. 남자들이 외모만 보는 것 같지만 실제로는 그렇지 않다. 말이 통하고 마음이 통하는 관계에서 만족감을 얻는 사람들이 더 많다. 자기 아내밖에 모르고 살 많은 남편들이 바깥으로 눈을 돌리는 것은 이 부분이 충족되지 않아서다.

아내들은 처녀 적 몸매와 앳된 얼굴로 돌아갈 수 없는 자신에게 콤플렉스를 느끼고, 남편이 소홀하다 싶으면 외모를 꾸미는 데 집중하는데, 내 생각은 '글쎄올시다'다. 과연 외모로 젊은 여자들과 경쟁할 수 있을 거라 여기는가?

내 생각엔 아내가 가진 장점, 아내밖에는 가질 수 없는 강점이 무엇인지 알고 그것을 키우는 게 더 나을 것 같다. 아내가 다른 여자들과 다른 강점이 있다면, 그것은 말이 통하는 사이라는 것이다.

실제로 남자들 쪽에서 아내와의 대화에 목말라 있는 경우도 많다. 남편이 입을 닫고 침묵하려 하는 것은 말이 통하지 않기 때문이다. 남자들은 자신의 말이 잘 먹혀든다 생각하면 스스로 말하고 싶어 근질근질해한다. 왜냐하면 남자들은 여성들보다 더 대화할 상대가 없기 때문이다.

여성들은 친구들과의 수다로 스트레스를 풀 수 있지만, 남자들은 마음껏 개인적인 대화를 나누고 살지 못한다. 그래서 집에서 아내와 대화가 잘 통한다면 절대로 남자들은 밖으로 돌지 않는다. 말로 상대를 북돋울 수 있는 여성이 소통 궁합이 뛰어난 여성이다.

신뢰의 호르몬으로 영원한 사랑을

예쁜 여자는 석 달, 몸매 좋은 여자는 3년, 요리 잘하는 여자는 30년이라는 말이 있다. 나는 여기에 하나 더 보태고 싶다. 소통 궁합이 좋은 부부는 사랑에 유효기간이 없다고.

처음 사랑에 빠질 때는 '사랑 호르몬'이라고 불리는 도파민이 분비된다. 이 호르몬은 더 정열적으로 사랑에 빠지게 만들고, 사람을 아름답게 만들어준다고 한다. 그래서 사랑에 빠진 여자는 예쁘다는 말도 있는 것이다. 그런데 이 호르몬은 오래가지 않는다. 그 후 사랑에 관여하는 물질이 옥시토신이다. 옥시토신은 여성이 출산과 모유수유할 때 분비된다는 그 호르몬이다. 사랑하는 사람을 껴안을 때, 아이를 안을 때 이 옥시토신이 분비된다고 하는데, 이것이 바로 영원한 사랑을 가능하게 하는 마법의 호르몬이다.

옥시토신은 타인과의 긍정적인 커뮤니케이션을 통해 생성된다고 한다. 그래서 사랑 호르몬이라 불리는 도파민과는 달리 '신뢰의 호르몬' 이라는 별칭으로 불린다. 신뢰 관계가 구축된 부부 사이에는 이 옥시토신이 분비되어 안정적이고 편안한 행복을 느끼게 된다.

이것이 내가 말하는 소통 궁합이다. 소통 궁합은 서로를 편안하게 해주는 것이다. 와인과 친구는 오래될수록 더 좋다는 말이 있다. 남녀 사이도 오래될수록 좋은 관계가 될 수 있다. 그러나 그것은 열정적인 사랑으로 가능해지는 것이 아니라 그보다는 소통을 통해 신뢰 호르몬 옥시토신을 만들어낼 때 가능해지는 것이다.

사랑은 알면 알수록 더 좋은 것이다. 시간이 갈수록 지루한 사랑이라면 무언가 잘못된 것이다. 상대에 대해 알수록 더 흥분되는 것이 사랑인데, 그런 사랑을 찾지 못하고 더 새로운 것, 더 강렬한 열정을 찾아 헤매는 사람들을 보면 안타까울 뿐이다. 자기 사람, 자기 사랑에 눈뜨기 바란다.

사랑도 전략적으로 하는 것이다

　나는 사랑도 전략적으로 해야 한다고 생각한다. 사랑에 빠지는 것은 무계획적인 것처럼 보이지만, 나는 첫눈에 반한 것도 전략적인 것이라고 여긴다.
　사람은 3초 안에 상대를 판단하여 호불호를 결정한다고 한다. 처음 본 사람을 3초 안에 파악하여 좋은지 싫은지의 감정을 갖는다는 것이다. 그런데 이 3초의 시간에 우리의 머릿속에서는 대량의 정보 처리가 이루어진다. 눈으로 상대를 스캔하여 사랑에 빠지기까지, 여러분의 머리는 가만히 있지 않는다. 자신도 느끼지 못하는 사이에 굉장히 많은 데이터가 떠오르고, 분석하고, 결정까지 내린다. 너무 순식간이라 느끼지 못할 뿐, 이는 그동안 당신이 살아온 인생과 모든 경험이 총동원되는 전략적인 과정이다.
　상대가 사랑에 빠지도록 만드는 것도 전략이다. 당신이 사랑에 빠졌을 때 상대의 호감을 끌기 위해 어떤 전략적인 행동을 했는지 생각해보라. 상대에게 보내는 웃음, 표정, 손짓 하나하나가 모두 의미를 갖고 상대에게 어떤 메시지를 전달하려 했을 것이다. 그것이 전략이다.

부부사이도 가정용보다 영업용으로 살자

처음 사랑을 쟁취할 때 사람의 두뇌와 몸은 서로 함께하여 움직인다. 그러나 사랑을 이루고 나면 더 이상 노력하지 않는다. 몸도 머리도 둔해진다. 그러나 진짜 사랑을 이루느냐, 그저 한때의 열정으로 끝나느냐는 사랑을 이룬 후, 즉 결혼한 후에 모든 것이 달려 있다. 많은 커플들이 시간이 갈수록 서로에 대한 호기심과 설렘을 잃어버리는 것은 머리와 몸이 노력하지 않기 때문이다. 상대에 대한 호기심을 유지하려면 도움을 주고받는 사이여야 한다. 상대에게 무언가를 주는 것이 사랑이다. 동물의 세계에서도 사랑은 무언가를 상대에게 주는 것으로 표현된다. 먹이를 잡아 주거나 상대의 털을 골라주거나…….

인간도 마찬가지다. 꼭 물질적인 대가가 아니더라도 상대가 필요한 것을 채워주고픈 마음이 사랑이다. 그리고 그렇게 주고받는 관계여야 사랑이 지속된다. 그것이 부부 사이에 필요한 '영업'이라는 개념이다. 말이든 행동이든 무엇으로라도 사랑을 표현하지 않으면 사랑은 더 이상 자라나지 않는다.

부부간에 사랑도 전략적으로 하라. 피드백은 적극적으로, 대답은 무조건 '예스'로, 가정용이 아닌 영업용으로 상대를 대하라. 그것이 부부 사랑을 오래된 와인처럼 숙성시켜주는 비법이다.

02장

차이

남편만 믿고
살기엔
여자의 인생은 짧다

1

하루하루 밥 해주는 사람으로
산다는 것은 지겹다

요즘 이런 우스갯소리가 유행한다.

"집안에서 아침밥 먹는 서열이 부인, 딸, 애완견, 그리고 마지막이 아빠"라고.

아침밥 못 얻어먹고 다니는 남자들의 자조 섞인 농담이다.

여러분은 어떤가? 남편에게 아침밥은 먹이고 사시는가?

그런데 여자들은 왜 이런 고민을 해야 할까? 여자가 밥해주는 사람인가?

요즘은 여성과 남성의 역할이 예전처럼 고정적인 것이 아니어서, 여자도 나가서 돈을 벌고 남자도 전업주부가 될 수 있는 세상이다. 사회가 빠르게 변화하며 가치관과 생각도 달라지고 있다. 이제는 무엇이 옳다 그르다 말할 수 없는 사회가 되었다.

그래서 스스로 원칙을 세우고 살 수밖에 없는 피곤한 시대에 우리는 살고 있다. 아침밥을 먹일 것인가, 말 것인가 그것을 각자 결정해야 하는 시대가 된 것이다.

주부로 사는 것, 상처뿐인 영광

누군가와 관계를 맺으며 살아간다는 것은 쉽지 않은 일이다. 그런데 가정에서 관계의 중심은 언제나 여성이다. 한 회사로 보자면 여성들은 집안의 모든 대소사를 해결하는 실무 담당자에, 남편과 아이들, 친정, 시댁 식구들 사이에서 불협화음을 조율하는 경영진의 역할까지, 이중의 부담을 안고 산다. 남편은 자신의 원가족과의 관계마저 아내에게 맡겨놓고 사는 경우가 많다. 아이들도 언제나 엄마만 찾는다.

만약 당신이 없어진다면?

당신의 가족은 얼마나 당황스러울까?

그야말로 '혼돈'에 빠질 것이다.

엄마가 곰국을 끓이고 있으면 가족 전체가 긴장한다고 한다. 엄마가 어딘가 멀리 간다는 신호이기 때문이다. 엄마가 없으면, 아내가 없으면 그들은 우선 밥부터 제대로 먹을 수 없다.

빨래는 쌓여가고 집안은 엉망이 된다. 처음에야 아내(엄마)의 잔소리를 듣지 않고 마음껏 게임하고, 아무 때나 먹고 잘 수 있어 편할 테지만 곧 그 잔소리가 그리워질 것이다. 먹고 자는 모든 것을 해결해주던 해결사가 누구인지 곧 깨달을 것이다.

집안에서 아내와 엄마라는 자리는 남편과 아이들의 생사여탈권을 쥐고 있는 권력자의 자리다. 그러나 반대로 죽을 때까지 남편과 아이들의 뒤치다꺼리를 해줘야 하는 '상처뿐인 영광'의 자리다. 어디서 월급이 나오지도 않고 눈에 보이지도 않는 일, 소홀히 했을 때는 티가 나지만 해도 그리 영광스럽지 않은 일, 그게 주부의 일이다.

열심히 아침밥 해 먹이고 살뜰히 살펴주면 고마운 줄도 모른다. 엄마는 당연히 그런 사람, 아내는 늘 그 자리에 있는 사람일 뿐이다. 오히려 답답하다고 탓한다. '멋있는 엄마'를 바라고, '여자 같은 아내'를 바란다. 한마디로 말해서 "해줘도 지랄, 안 해줘도 지랄"인 것이다.

밥순이에서 허순이로 탈바꿈

나는 막내가 스물두 살 되었을 때 엄마 자리를 사표 냈다. 지천명이라는 나이 오십에 더 이상 여자로 살지 않기로 결심했다. 하늘이 내게 내려준 사명이 여자로 사는 것이라고? 아니, 나는 반란을 일으키기로 했다. 이제 남자로 살겠다고 마음먹었다.

허순이. 옛날 국어 교과서에 영이, 철수와 함께 등장하던 이름이다. 몇 집 걸러 하나씩 있다는, 바둑이와 뛰어노는 순이가 바로 나였다. 그런 흔한 이름이지만 나는 내 이름을 사랑했다. 그런데 오남매의 장녀 노릇하며, 육남매의 맏며느리 노릇하며, 삼남매의 엄마 노릇하며 '순이'는 어디로 갔을까? 나는 나이 오십에 쿠데타를 일으켰다. 열 살의 순이가 꾸었던 꿈을 오십 살의 순이가 이루어주기로 했다.

누구에게나 인생의 전환점이 있다. 밥순이에서 허순이로, 나는 드디어 내 이름을 다시 찾았고 지금은 어린 시절의 꿈을 이루었다고 당당히 말할 수 있다.

잃어버린 이름을 찾으려 하는 모든 여성들을 응원한다. 밥순이로 살 것이지, 허순이로 살 것인지는 내가 스스로 결정하는 것이다. 여자라는 이름에 가려 잊혀진 자신의 진짜 이름을 찾기 바란다.

2

하루를 살더라도 품위 있게
살아야 하는 이유는

　요즘 여성들은 참 살기 좋아졌다고들 한다. 세탁기가 빨래해줘, 식기세척기가 설거지해줘, 손 하나 까딱 안 해도 로봇청소기가 걸레질까지 해주는 세상이니 얼마나 살기 편해졌느냐고……. 불평 좀 그만 하라고 말한다. 때 되면 외식하고, 1년에 한 번은 여행 가고, 아이들은 젖만 떼면 어린이집 보내, 남편이 꼬박꼬박 월급 갖다 줘……. 아주 팔자가 늘어져서 호강에 겨운 소리를 한다고 욕을 먹는다.
　그러나 모르시는 말씀. 세탁기, 식기세척기, 로봇청소기는 어디 하늘에서 뚝 떨어지는가? 외식, 여행은 공짜로 하는가? 어린이집은 누가 거저 보내주는가? 모두 남편 월급 가지고 쪼개

고 쪼개, 남들만큼은 살자고 아등바등하는 아내 덕에 그 월급으로 그 정도 사는 것이다.

요즘 물가며, 세금이며 오르는 속도가 장난이 아니다. 집집마다 대출 상환에, 해마다 오르는 전세 값에, 집에 있는 아내들도 바깥에서 일하는 남편 못지않게 머리가 하얗게 셀 지경이다. 정년 보장받는 직장도 흔치 않으니 노후 연금도 부어야 하는데, 이나마 준비하고 사는 집도 별로 없다. 그달그달 생활에 바빠 미래를 준비할 새도 없다. 이런 고민은 가정의 운영자인 여성이 모두 떠안고 있다.

여성들에게 바깥일을 권하는 사회다

상황이 이래서인지, 요즘 남자들은 공공연하게 맞벌이를 원한다고 말한다. 그러나 결혼 전 아무리 능력 있는 여성이었다 하더라도 육아와 일을 병행하는 것은 현실적으로 쉽지 않다.

그렇다고 가사노동 분담에 대해 요즘 남자들의 인식이 얼마만큼 변화했을까? 내가 보기엔 구세대에서 겨우 반 발자국이나 앞으로 나갔을까, 대부분의 남자들이 육아와 가사는 여전히 아내의 몫이라고 생각한다. 집안의 숱한 대소사에 남자들이 주도적으로 나서는 경우를 본 적이 없다. 대개 아내가 시키는 것을 마지못해 도와주는 정도다.

이런 상황에서 여성들에게 커리어까지 쌓으라고 강요하는 것은 너무 가혹한 일이지만, 지금 사회는 여성들에게 그런 능력을 요구하고 있다. 겉으로 드러내진 않지만, 남편도 은근히 능력 있는 커리어우먼을 원하고 시댁에서도 돈 벌어 오는 며느리를 더 환영한다. 이런 사회적 분위기 속에서 여성들은 점점 자신을 잃어간다.

이런 여성들을 볼 때마다 마음이 안쓰럽다. 아이들을 훌륭하게 키워낸 공은 다 어디로 가고 결국 무능력한 아줌마 취급을 받아야 하는 것인지……. 요즘 여성들, 참 여자로 살기 힘들다.

주부들이 하는 일, 이렇게 많다!

가계 예산과 결산, 적금 및 대출금 상환 계획, 내 집 장만 및 이사 계획, 가정경제 리스크 관리(보험, 연금 등), 구성원 간의 갈등 조율, 외교(시댁·친정 식구와의 관계 조율 및 행사 관리), 노후관리 등

→ 이는 대기업에서 몇십억 대 연봉을 받는 경영자가 하는 일이다. 직원 3명을 둔 사장이라 해도 연봉 1억은 된다.

하루 세 끼 식사준비, 청소, 빨래, 먹거리 장보기, 계절별 대청소와 침구류·옷장 정리, 생활에 필요한 각종 소모품 구비, 계절별로 식구들 옷장만, 명절 상차리기, 손님 접대, 각종 은행업무, 가족행사 준비 등

→ 연봉 3천의 직장인 서너 명이 나누어서 하는 일. 실제로 월 200만 원의 가사 도우미를 고용해야 커버할 수 있는 일이며, 가사 도우미의 경우 집안 행사까지 해결해 주지는 않는다.

육아(연령별), 자녀교육(배변훈련부터 밥상교육, 언어교육, 예의범절 교육, 한글 교육, 놀이학습, 간단한 영어 및 교과목 교육), 아이들 학교와 유치원 관리, 학원 등 사교육 관리, 교육 정보 수집분석, 입시 정보 수집분석, 진로상담, 청소년상담, 성교육 등

→ 이 일을 전문가에게 맡긴다면, 20년에 걸쳐 100여 명의 전공 분야가 각기 다른 육아교육 전문가들을 고용해야 한다.

*이렇게 보면 첫째, 경영자의 역할, 둘째, 실무 담당자의 역할, 셋째, 교육자의 역할, 이것이 주부들이 하는 일이다. 게다가 맞벌이 여성들은 9시 출근, 6시 퇴근의 직장 업무를 병행한다. 이것이 과연 한 사람이 모두 할 수 있는 일일까?

품격을 높이기 위해서는 쩐(돈)이 필요하다

지금 아이 키우는 주부들은 힘든 점이 많을 것이다. 남편 혼자 벌어서는 가정의 씀씀이를 감당할 수 없지만, 그렇다고 밖으로 나가 일을 하자니 아이들을 맡길 데도 없을 것이다. 주부가 집을 떠나면 그만큼 들어가는 돈이 있다. 그래서 웬만큼 벌어서는 나가서 벌어봤자 그게 그거인 경우가 많다.

예전 주부들은 지금처럼 돈 쓸 데가 많지 않았다. 아이들 교육비도 지금처럼 많이 드는 때는 없었던 것 같다. 과외를 시키는 집도 있었지만, 그것도 애들 대학 가기 전 몇 년이지, 지금처럼 유치원 때부터 끊임없이 사교육을 시켜야 하는 환경은 아니었다. 지금은 대학 등록금도 천정부지로 치솟아 웬만한 집에서는 감당할 수 없을 정도가 되었다.

사회가 이렇게 변했기 때문에, 이제 여성들도 변화를 받아들여야 하는 것이다. 물론 여성들이 나가 일하기 좋은 사회는 아니다. 맞벌이를 하더라도 집안일은 여자 몫이라는 낡은 생각에 아직도 싸여 있고 말이다.

그러나 우리 사회는 앞으로 더 변화해갈 것이다. 돈이 없으면 품격 유지는커녕 아이들도 키울 수 없는 사회가 될 것이다. 이미 그 변화는 시작되고 있다. 이렇게 된 마당에 사회의 변화를 탓하기보다는 미래를 준비해야 한다. 아직은 전업주부들이 많지만, 이제 곧 여성들도 직업 없이는 살 수 없는 시대가 될 것이다.

서울은 슈퍼우먼들의 도시

내가 한창 아이들을 키울 때는 여성이 집에서 가정을 돌보는 것이 인정받던 시대였다. 그런데도 나는 첫째 아이를 낳은 후부터 남편의 사업을 돕기 시작했다. 일곱 살 연상의 남편이었지만 내가 보기엔 부잣집 철모르는 도련님일 뿐이었다. 남편만 믿고 있다가는 언제까지고 시댁의 도움에서 벗어나지 못할 것 같았다.

많은 여성들이 직업을 찾을 수 없는 이유로 경력의 단절을 꼽는다. 그러나 대학을 졸업하기도 전에 남편을 만나 결혼한 나의 경우는 경력의 단절 정도가 아니라 아예 경력을 쌓을 기회조차 없었다. 그래도 물 만난 고기처럼 일의 재미에 푹 빠져들며 점점 내 영역을 넓혀갔다. 집안일과 바깥일을 병행한다는 것은 결코 쉬운 일이 아니었지만, 그래도 일하는 것이 그렇게 신이 날 수가 없었다. 잃어버린 내 이름을 찾고, 성취하며 사는 삶. 그것이 내가 꿈꾸던 삶이었으니까.

그러나 여자가 나가서 일을 하려면 슈퍼우먼이 되어야 한다.

그것이 나도 힘겹게 느껴졌다. 나의 경우는 오남매의 맏이로 자라며 워낙에 리더십이 있었고, 타고난 체력이 뒷받침해주었기에 가능했던 것이다. 그리고 또 한 가지, 긍정적인 마인드가 있었다. 나는 여성에게 주어지는 제한에 콤플렉스를 느끼기보다 여성이 갖는 강점을 살리려고 노력했다. 강한 바람보다는 따스한 햇살로 가족들과 협동하며 일과 가정 두 마리의 토끼를 잡을 수 있었다.

나를 비롯한 많은 여성들을 슈퍼우먼으로 만드는 도시가 서울이다. 서울의 비싼 물가와 집값은 더 많은 여성들을 밖으로 몰아 슈퍼우먼으로 키워낸다. 선진국의 일하는 여성들과 비교하며 우리나라 여성들을 그들과 같은 '평범한 인간'으로 보지는 말아줬으면 한다. 선진국 여성들은 우리와 같은 육아 환경에서 일하지 않는다. 우리나라 여성들은 밖에서 일을 하려면 슈퍼우먼을 넘어 집안에서 일대 혁명을 일으키는 혁명가, 선동가까지 되어야 한다.

벽이 아닌 계단으로 생각하라

그러나 이 모든 것을 나를 가로막는 벽이라고 생각하면 앞으로 나아갈 수 없다. 차라리 그것을 벽이 아닌 계단으로 생각하며 올라가자. 남편을 구속으로 생각할 것이 아니라 든든하게 지켜주는 울타리로 생각하고, 아이들을 나의 열렬한 팬으로 만들고, 거기서 앞으로 나아갈 힘을 얻는 것이다.

사회에서 아줌마를 바라보는 시각에 주눅 들 필요도 없다. 내가 당당하면 그 누구도 나를 아줌마라고 무시하지 못한다. 여자이기 때문에 불합리한 일을 겪는다는 생각도 이제 그만두자. 그런 부정적인 사고는 아무런 도움이 안 된다.

그래도 여성들에게 주어진 환경이 이처럼 좋았던 적은 없었음에 위안받으며 까짓것 슈퍼우먼이 되어보자. 긍정적인 마인드로 내 앞에 있는 큰 산들을 하나하나 넘어보자. 일과 가정 두 마리의 토끼를 잡아 집안일에, 돈에 허덕이지 않는 행복을 누리는 것, 그것이 아마도 많은 이들이 바라는 바일 것이다. 여러분도 그렇게 할 수 있다는 것을 믿기 바란다.

3

엄마의 사표 쓰던 날

"당신은 무슨 힘으로 사십니까?"
하고 물으면 대부분 "아이들 때문에 살아요"라고 답한다. 인생의 풍파를 헤쳐 나갈 힘을 주는 것이 아이들이라고.

내 속으로 낳은 아이들만큼 예쁜 것이 또 있을까? 나는 딸, 아들, 딸 이렇게 삼남매를 키우고 있다. 큰딸이 서른둘, 막내딸이 스물넷이니 이제 다 키워놓았다. 훌쩍 자라서 이제는 친구같이 느껴진다.

막내딸은 나를 '순이 엄마'라고 부른다. 딸들이 어디 가서 나를 소개할 때도 엄마라고 하지 않고 친구라고 한다. 내가 엄마 사표 낸다고 했더니 그러는 것이다. 아이들의 친구가 되다는 건 기쁜 일이다. 든든한 아군을 세 명이나 얻은 것이니 말이다. 아이들은 자기 일을 알아서들 잘한다. 다들 저희들이 벌어서 공부하고 있다. 미국에 있는 막내는 내가 놀러 가면 엄마 쓰라고 용돈도 건네준다. 그럴 때면 '언제 이렇게 컸나……' 신기하고 대견하다. 키울 때는 힘들어도 이렇게 다 키워놓으면 뿌듯한 것이 자식이다.

잃어버린 이름을 찾아서

여자들은 엄마라는 이름으로 참고 사는 것이 많다. 나도 그랬다. 아이들 키우는 것이 가장 중요한 일이어서 나 자신은 언제나 뒷전으로 미뤄놓고 살았다. 물론 사업도 하고 못 마친 대학도 다시 다녔지만, 그래도 일순위는 늘 아이들이었다. 살면서 억울한 것, 서러운 것이 있어도 모두 아이들로 인해 인내했다. 우리의 어머니들도 그랬으니까. 다른 것은 몰라도 엄마의 역할이라는 것은 시간이 지나도 변하지 않는 것이니까.

아무리 여성들이 예전과 다른 삶을 사는 시대가 되었더라도, 아이들 문제만큼은 옛 어머니들과 똑같은 게 우리 여자들이다. 아이들에게 좋은 것을 주고 싶고 남부럽지 않게 해주고 싶은 마음, 그것은 예나 지금이나 같다. 그러나 나는 엄마 자리를 사표 냈다.

아기 새가 둥지를 떠날 때가 되면 어미 새는 아기 새의 등을 떠민다. 아이들이 독립할 때가 되었을 때는 과감하게 떠나보낼 준비를 해야 한다. 우리나라 부모들은 자식이 다 컸는데도 캥거루처럼 자식을 품고 살려 한다. 그러나 독립심을 키워주지 않으면 아이들은 더 크게 성장하지 못한다.

시쳇말로 '일타쌍피'라고 해야 할까? 나는 아이들을 독립시키는 동시에 내 자아 찾기에 나섰다. 잃어버린 허순이를 찾기 위해 내 삶을 재정비했다. 1년간 미국에 체류하며 지나간 시간을 돌아보고 미래의 계획을 세웠다.

어쩌면 당시에 아이들은 혼란스러웠을지도 모른다. 엄마가 독립을 선언하며 아이들도 등을 떠밀린 격이 되었으니 말이다. 그래도 엄마의 변화를 받아들이고 이해해준 것이 고맙다.

아이들이 크고 보니 엄마와 아이들이 서로 돕고 함께 성장하는 관계가 된다. 제법 말동무도 되고, 어떨 땐 엄마보다 더 성숙해 보이기까지 한다. 이게 자식 키우는 맛이구나 싶다.

자식으로 살기 vs. 자신으로 살기

'아이들 때문에 산다'는 말, 어찌 보면 참 슬픈 말이다.

엄마들이 자식에게 집착하는 것도 그만큼 희생한 것이 많기 때문일 것이다.

그런데 희생이라는 말로 자신을 잃어버린 지난 세월을 모두 합리화할 수 있을까? 자식들은 엄마의 희생을 바랐을까?

엄마가 행복하지 않으면 아이들도 행복할 수 없다. 엄마가 아이들의 행복을 바라는 만큼 아이들도 엄마의 행복을 바란다.

많은 여성들이 행복한 엄마가 되었으면 좋겠다. 그러기 위해 자기 자신도 좀 돌아보았으면 한다. 내가 지금 행복한지……. 아이들에게 나는 어떤 엄마로 비쳐지고 있을지…….

자기 자신을 잃지 말아야 한다. 엄마라는 이름은 세상에서 가장 좋은 이름이지만, 당신의 이름도 그만큼 소중한 것이니까.

4

경쟁력 없이는 인생의 주인이 될 수 없더라

어린 시절 운동회에서 달리기를 하던 기억이 있을 것이다. 반 대표들이 출발선에 서고 "준비~" 하는 구령과 조금 후 "탕!" 하는 총소리와 함께 선수들이 달려 나간다.

꼭 운동회가 아니더라도, 친구들끼리 달리기를 할 때도 그중 한 아이는 꼭 이렇게 외친다.

"준비, 땅!"

무슨 공식적인 경기도 아닌데 '준비'까지 있어야 하나, 생각해본 적 있는가?

이 "준비!"라는 말에는 묘한 힘이 있다. 이 말을 들으면 나도 모르게 몸을 긴장하고 상체를 앞으로 숙이며 앞으로 뛰어나갈 준비를 한다. '땅!' 소리가 들렸을 때 누구보다도 먼저 몸을 날리려고 말이다.

준비하고 있지 않으면 출발하지 못한다

우리는 경쟁력을 갖기 위해 늘 준비하고 있어야 한다. 준비해놓지 않은 사람은 기회가 와도 그 기회를 잡을 수 없다. 인생에서 준비란 끊임없이 공부하는 것이다. 내 능력이 언제 쓰일지 알 수 없기 때문에 평소에 지식과 교양을 쌓아놓는 것이다.

나는 시장에 가서 장을 보고 돈이 남으면 그 돈으로 책을 사곤 했다. 무엇이든 나를 채울 수 있는 것에 투자를 해야겠다고 생각했기 때문이다. 내가 사업가로 성장할 수 있었던 데에는 그런 준비 과정이 있었다. 무엇도 거저 얻어지는 것은 없다.

사회에 대해서 알려면 뉴스도 열심히 봐야 한다. 책도 많이 읽어야 하고, 교양도 쌓아야 한다. 그것이 지식과 지혜가 되어 한마디 말에서도 드러나게 되어 있다.

특별히 시간을 내서 공부하기 어렵다면 TV에서 하는 교양 강좌라도 들어야 한다. 다큐멘터리 프로도 찾아 보고, 궁금한 게 있으면 그때그때 인터넷을 뒤져서라도 그 궁금증을 풀어야 한다. 그런 공부가 쌓여 내 것이 되면 어디라도 써먹을 수 있다.

관성에 빠져 살지 마라

여성들은 관계를 중요시하는 동물이다. 그래서 친구와 전화 통화하며 이런저런 수다를 풀어놓아야 하루의 일과를 다 마친 듯 개운해진다. 그건 그대로 의미 있는 일일 수도 있다. 친구와 관계를 돈독히 하며 일상에서 느끼는 스트레스도 풀 수 있기 때문이다.

그러나 그런 데 들이는 시간이 너무 많다는 게 문제다. 혼자 조용히 앉아 사색에 잠기거나 무언가에 집중하여 마음의 양식을 쌓는 데에는 너무 시간을 들이지 않는다.

당신의 하루를 한번 돌아보라. 바쁜 아침 시간이 지난 후 집에 혼자 남아 무엇을 하는지.

당신은 설거지를 하며, 청소를 하며 무슨 생각을 하는가? 당신의 머릿속에는 치워지지 않는 복잡한 감정이 가득 쌓여 있지 않은가? 걱정과 푸념에 싸여 하루를 보내고 있지는 않은가? 또는 오늘 저녁은 뭘 할까 하는 그저 먹고사는 문제만 머릿속을 가득 채우고 있지 않은가?

이런 사람은 준비하는 사람이 아니다. 그저 쉬지 않고 집안일을 하고 있다고 해서 해야 할 일을 다 한 것은 아니다. 하루하루 사는 것에만 집착하다 보면 마음도 가난해지고 머리도 가난해진다. 그렇게 되면 변화의 가능성은 사라진다. 오늘과 같은 내일만 기다리고 있을 뿐이다.

스트레스를 풀기 위해 자꾸 오락거리만 찾으려 하는 것도 오히려 스트레스 해소에는 도움이 안 된다. 사람은 집중할 무언가가 있을 때 사소한 걱정거리들을 잊을 수 있다. 무언가에 푹 빠져 집중해보라. 미래에 대한 준비가 되는 것과 동시에 현재 삶에 대한 만족도도 높여줄 것이다.

여성들의 배움이 필요하다

백화점 문화센터에만 가도 여러 가지 강좌가 있지만, 그런 강의를 들을 만한 시간과 돈의 여유가 없을지도 모르겠다. 또 강의들이 대개 취미생활에 집중되어 있고 여성들의 의식을 깨워줄 만한 강의는 별로 없다. 여성들은 하우스 매니지먼트로 실전에서 뛰고 있는데 그 역량을 더 키워줄 만한 교육이 부족하다. 여성들을 대상으로 하는 경영 교육, 경제 교육, 정치 교육이 더 많아야 한다는 생각이다.

사회 제도적으로 그런 장치가 마련되면 우리 사회는 더욱 건강해질 것이다. 인구의 반이 여성이고, 그들은 가정에서 매우 큰 영향력을 지닌다. 여성을 교육시키면 그것이 아이들 교육으로 이어진다. 사회가 변화하길 바란다면 엄마들의 인식을 깨워야 한다.

 우리나라는 아이들 사교육만 비정상적으로 비대해져 있고, 정작 그 아이들을 키울 어른들을 위한 교육이 부족하다. 엄마, 아빠의 인식 수준이 높아지면 제대로 된 가정교육이 살아날 텐데 그 중요성을 너무 간과하는 것 같다.

 그러나 이런 사회만 탓하고 있을 수는 없는 노릇. 엄마들이 나서서 스스로 공부할 수밖에 없다. 나의 교양 수준이 그대로 아이들의 교양 수준으로 이어진다는 생각으로 오늘부터라도 독학을 시작해보자. 부모가 공부하는 모습을 보여주는 것이 아이들을 우등생으로 키워주는 가장 빠른 길이라고 하지 않는가.

지금, 준비해야 한다

 나는 여러분이 하우스 매니지먼트로 만족할 사람들이 아니라고 생각한다. 나는 여러분을 잠재적인 사업가이며 잠재적인 재야 경제인이 될 만한 충분한 역량을 가진 이들이라 생각한다.

집안 살림을 훌륭하게 이끌어온 그 리더십은 혼자 썩히기에 아까울 정도다. 많은 여성들이 가지고 있는 그 역량에 조금만 공부를 보탠다면 이 사회의 리더로서 손색이 없는 인재가 될 터인데, 아무런 준비도 하지 않고 웅크려 있는 것은 너무 아깝다.

이제 준비 자세를 취하자. 경기가 언제 시작될지 모른다. 땅 하는 소리와 함께 달려 나가려면, 그래서 진정한 인생의 승자가 되려면 언제고 출발할 수 있는 준비가 되어 있어야 한다.

우리는 결코 인생의 결승점에 오지 않았다. 결혼은 결승점이 아니다. 당신은 어딘가 다른 곳에서 또다시 당신의 인생을 펼쳐보고 싶은 욕망이 있을 것이다. 어느 곳을 목표 지점으로 삼든, 그곳으로 가기 위해서는 지금 준비해야 한다.

5

여성의 삶을 막는 콤플렉스 살피기

 삶에도 여러 가지 형태가 있다. 어떤 이들은 남에게 의존하며 살아가고, 어떤 이들은 독립적인 삶을 산다. 남편에게 종속되는 옛 여인들의 삶이 있다면, 훨씬 더 많은 교육을 받고 더 자신 있게 자기 인생을 개척하는 현대 여성들의 삶이 있다.
 지금의 여성들은 예전에 비해 아주 좋은 환경에서 살아간다. 능력만 있다면 남성들 못지않은 위치까지 오를 수 있다. 가정 내에서도 더 많은 대우를 받고 남편들보다 더 주도적으로 가정을 이끌어간다.
 가부장적인 남성들도 예전보다는 많이 줄었다. 오히려 여성 상위 시대라는 말이 나올 만큼 현대 여성들은 자기 주도적으로 얼마든지 삶을 개척할 수 있다.

그러나 문제는 현실은 그렇게 만만치 않다는 것이다. 여성이 능력껏 무엇이든 될 수 있다는 건 그저 이론일 뿐, 현실은 뒷받침되지 않는다.

주부들의 콤플렉스는?

아마 요즘도 화려하게 커리어를 쌓아가는 여성보다는 집에서 주부로 있는 여성들이 더 많을 것이다. 이들은 홀로 콤플렉스를 쌓으며 스트레스를 받고 있다. 사회가 변화하며 여자들도 바깥에 나가 일을 하지 않으면 뭔가 당당하지 않은 분위기가 형성되어 있기 때문이다.

그만그만하게 살았던 예전과 달리 지금은 잘나가는 여성들은 너무나 잘나간다. 그런데 예전 여인들의 삶에서 한 발자국도 나가지 못하고 살아가는 여성들도 있다. 요즘 여성들은 현재에 만족하고 살기에는 아는 것도, 보는 것도 너무나 많다.

또 누구에게나 가능성이 열려 있는 사회이다 보니, 남들보다 뒤처지면 그만큼 비난을 받게 되는 것도 요즘 여성들을 불행하게 만드는 요인 중 하나다. 우선 전업주부들은 결혼과 함께 경력이 단절되는 경우가 많은데, 이들이 느끼는 소외감은 생각보다 크다.

　빈부격차가 심한 사회적 분위기도 이런 소외감에 한 몫 하는 것 같다. 가정 수입에 따라 삶의 질이 달라지다 보니, 상대적인 빈곤감을 느끼게 된다. 그렇다고 해서 이 사회가 여성들이 나가 일할 수 있도록 변화된 것도 아닌데 말이다.

스스로 자부심을 갖자

　나는 여성들에게 하고 싶은 말이 있다. 전업주부로 있겠다고 마음먹었다면 화끈하게 전업주부가 되라는 것이다. 바깥의 일에 미련을 가지고 기웃거릴 필요 없다.
　전업주부는 가정을 이끄는 경영자이자 가정경제를 돌보는 경제 전문가다. 충분히 자부심을 가질 수 있는 일이다. 누가 "그까짓 집안일……" 하며 우습게 본다면 그런 생각을 뒤집어엎을 만큼 완벽하게 집안일의 선수가 되면 된다. 그러면 아무도 함부로 이야기할 수 없다.
　무슨 일이든 프로가 되지 않으면 안 된다. 프로는 스스로에 대한 자부심을 갖고 있다. 만약 지금 하고 있는 일에 자부심이 없다면, 그것은 당신의 일이 아닌 것이다. 당신이 가정주부임에 자부심을 갖고 있지 않다면, 당신은 다른 직업을 찾아보아야 한다.

자신의 명함을 만들자

그래서 나는 주부들도 자기 명함을 가지고 있으라고 권한다. '영철이 엄마', '지숙이 엄마'라는 이름 대신 당당히 자기 이름 석 자로 불려야 자기 일에 자긍심을 가지고 임할 수 있다. 이름 석 자와 '가정 경영인', '하우스 매니지먼트'라는 직함을 새겨 넣은 명함을 갖고 있을 때와 그렇지 않을 때 내 일에 임하는 마인드가 달라진다.

하우스 매니지먼트

허 순 이

010-1234-5678

[자신의 명함을 가지고 있으면 일을 대하는 마인드가 달라진다.]

그러면 남편 출근시키고 아이들 학교 보낸 후 아침 드라마나 보고 있을 시간이 없다. 동네 아줌마들과 어울리며 쓸 데 없는 수다로 보낼 시간도 없다. 어떻게 하면 우리 가정을 더 행복하게, 더 윤택하게 만들 수 있는지 공부하고 연구해야 하기 때문이다. 신문도 읽고 책도 읽어야 한다. 세상이 어떻게 돌아가는지 알아야 가정 경제를 이끌 수 있지 않겠는가. 하물며 경제가 어떻게 돌아가는지 알아야 다음에 어디로 이사를 가야 할지, 어느 저축보험에 들어야 할지, 어떤 펀드에 투자해야 할지 알 수 있지 않겠느냐는 말이다.

〈사랑과 전쟁〉을 보며 공감하고 TV에 나오는 남의 가정사에 관심을 기울일 여유도 없다. 남편이 나가서 엉뚱한 짓을 하고 다니는지 감시할 필요도 없다. 스스로에게 당당한 사람은 그 누구도 함부로 할 수 없는 것이다.

당당하게, 자신 있게, 폼 나게 살자

내게도 이십대, 삼십대의 두 딸이 있다. 우리 딸애들도 곧 이런 스트레스를 받게 될 것이다. 전업주부 혹은 워킹맘으로 살아가며, 그 어떤 선택을 하든 스트레스를 피할 수 없을 것이다.

나는 아이들이 헤쳐 갈 미래를 그저 지켜볼 수밖에 없겠지만, 마음속으로 아이들의 미래를 응원하고 싶다. 그리고 아이들에게 이런 말을 해주고 싶다. 세상이 만만치 않고 특히 여성들에게는 많은 제약이 따르지만, 그래도 당당하게 자기 자리에서 최선을 다하라고. 그것이 행복으로 가는 길이라고.

전업주부로 살든 워킹맘으로 살든 자기 일에 당당했으면 한다. 그리고 그 당당함은 누가 쥐어주는 것이 아니라 스스로 만드는 것이다. 이 세상과 가족을 힘겨운 대상으로 생각하지 말고 자기편으로 만들었으면 좋겠다. 넘어야 하는 산이 아닌, 자기를 지켜주고 응원해주는 든든한 아군으로 만들고 자신이 선택한 인생을 소중히 생각하며 살아갔으면 한다.

03장

품위

여성이여,
격 있게 살기 위해
틀을 바꾸자

1

가정용으로 살아왔습니다

이 땅의 모든 여성들에게 우선 수고했다는 말을 하고 싶다.
그러나 우리가 여기서 머무르면 안 된다. 우리는 아직 갈 길이 멀다. 이제 나는 본격적인 독설을 할 생각인데, 여러분이 오해 없이 들어주었으면 한다.
누군가는 꼭 해야 할 이야기라고 생각하기 때문이다. 우리가 행복하기 위해서 우리는 바뀌어야 한다. 그리고 지금이 바로 그 시기이다.

가정용에서 탈출

우리 여성들은 지금껏 가정용으로 살아왔다. 가정용이란 무엇이냐 하면, 집안에서 보호받는 딸로, 남편의 울타리 안에서 집안의 화초로 살아왔다는 말이다. 가정용이란 아무런 매뉴얼 없이 사는 것을 말한다. 예를 들어 아무거나 먹고, 아무거나 입고, 아무 말이나 하며 사는 것이다. 이는 아무도 나를 볼 사람이 없을 때 하는 행동이다.

우리는 외출을 할 때면 옷을 차려입고 화장을 한다. 그러나 집에서는 갑갑한 브래지어를 벗어버리고, 화장도 지워버린다. 그저 자연 그대로 사는 자연인으로 돌아오는 것이다. 말이 좋아 자연인이지, 이는 원시인라는 말로 바꿀 수도 있다.

겉모습만 가정용으로 산 것이 아니라 마음가짐도 가정용이었다. 그래서 우리는 아무 말이나 생각나는 대로 말해왔다. 화가 나면 화를 내고, 재미있는 일이 있어야 웃었다. 그러나 이것은 집에서만 통하는 방식이다. 밖에 나가면 아무도 감정대로 행동하지 않는다.

나는 여성들이 자신의 자리를 찾아야 한다고 말했다. 그리고 그 자리는 스스로 찾아야 하는 것이라고도 했다. 그런데 여성들이 이렇게 자연인 상태로 무방비하게 감정대로 살아가면서 남들과 똑같은 대접을 받겠다고 하는 것은 말이 안 된다.

거울 속에 비친 당신의 모습보기

　옛 양반들은 일어나면 의관부터 정제했다. 양반들이 특별히 하는 일이 있었던 것도 아니다. 그저 하루 종일 방에 틀어박혀 책을 읽는 선비도 옷을 갖춰 입고 책상 앞에 앉았다. 이는 몸을 바로 해야 정신도 바로 선다는 생각 때문이었다.

　옷은 자신이 어떻게 여겨지고 싶은지 말해주는 잠재의식의 언어라고 한다. 지금 당신의 모습을 거울에 비춰보라. 헝클어진 머리, 화장기 없는 얼굴, 후줄근한 옷에 싸여 있지 않은가?

　이는 자기 자신에 대해, 또 당신을 보고 있는 가족에 대한 방치이다. 이런 당신의 마음가짐은 또 어떤가? 오늘 하루를 어떻게 보낼 생각인가? 어제처럼 무의미하게 또 하루를 보낼 셈인가?

　겉모습부터 가정용에서 벗어나야 한다. 그것이 첫걸음이다. 그리고 이는 우리의 변화 중 가장 쉬운 부분이기도 하다.

옷 입는 것도 전략이다

　옷과는 전혀 상관없어 보이는 나폴레옹이 이런 말을 했다. "사람은 그가 입은 제복대로의 인간이 된다."

말끔한 옷과 세련된 말투로 TV토론에 나와 한 번에 후보 지지율을 뒤집었던 존 F. 케네디는 훗날 이렇게 말했다.

"이젠 나도 패션이 정치보다도 훨씬 더 중요하다는 걸 막 깨닫고 있는 중입니다. 사람들이 내 연설보다 재키의 옷에 더 집중력을 발휘하곤 하니까요."

재키는 당시 영부인 재클린 케네디의 애칭이다.

한 나라를 넘어 전 세계를 쥐락펴락했던 이런 이들이 '그까짓 옷차림'의 중요성을 말하고 있다.

자기 자신을 방치한 게으름 탈피

당신은 가족들에게 오늘 어떤 말을 했는가? 그냥 입에서 나오는 대로 말을 하고, 잔소리를 하고, 어쩌면 소리를 질렀는지도 모른다. 당신에게서 나오는 말과 행동, 당신의 몸가짐 그것이 바로 당신이다.

당신의 내면 속에는 더 좋은 것이 들어 있다고 항의할지도 모르겠다. 그러나 천만의 말씀이다. 당신 내면에 무엇이 들어 있는지 그것은 중요하지 않다. 적어도 당신 안에는 당신을 그렇게 방치한 게으름이 들어 있다. 내가 너무 심하게 말한다고 욕하지 말길 바란다. 가정용으로 산다는 것이 무엇인지 설명하기 위한 것이니 말이다. 그리고 심한 말을 하지 않으면 당신의 생각을 깨트릴 수 없기 때문이다.

이런 가정용 몸가짐과 가정용 말과 행동을 그대로 밖으로 끌고 나오는 사람도 있다. 사회생활을 하다 보면 여자들은 비논리적이며 말이 통하지 않는다고들 한다. 너무 감정적이어서 어떤 문제를 해결하려 해도 그 문제보다는 감정만 앞세운다는 것이다. 그래서 여성이 사회생활을 할 때 걸림돌이 된다.

왜 여성들이 이런 푸대접을 받아야 하는가? 무엇이 여성들을 이렇게 만들었을까?

이는 전통적인 사회의 교육 때문이다. 가정이라는 울타리 속에서 살아온 여성들에게 알게 모르게 학습된 것이다. 내 가족만 챙기면 된다는 답답한 사고가 우리 여성들을 이렇게 만들었다.

가정에서 사회로 생각을 넓히자

여성들은 가족과 친척, 친구라는 관계에서 좀 벗어날 필요가 있다. 사고방식 자체를 사회 전체로 넓혀야 한다. 나와 친밀한 관계를 유지하는 사람으로만 관계를 한정시켜 놓으니 자꾸만 가정용 생각과 가정용 말이 튀어나오는 것이다.

지금 이 사회는 여성이 가정 속에서 태어나 가정 속에서 죽었던 과거의 사회가 아니다. 예전에는 모든 것이 가족 안에서 다 이루어졌지만 지금은 여성도 사회활동을 해야 하는 시대다. 또 여성이 깨어 있어야 가족이라는 배가 목적지에 도달할 수 있는 시대가 되었다.

우리는 그저 밥만 잘하면 되었던 예전과는 다른 최첨단 시대에 살고 있다. 그런데도 여성의 사고는 그리 달라지지 않은 것이다. 여성은 스스로 보호받아야 한다는 생각에서 벗어나야 한다. 떼를 쓰는 아이 같은 마음은 버려야 한다. 물론 가족과 친구들은 그것을 받아주지만, 속으로는 답답해한다.

"엄마는 말이 안 통해."

"당신하고는 대화가 안 돼."

이런 이야기를 듣는 것이 싫지 않은가? 어느새 남편에게, 아이들에게 뒤처진 당신이 안쓰럽지 않은가?

가정용으로
살고 있지 않습니까?

　가정용이란 '아무렇게나' 사는 아줌마의 삶을 말하는 것이다. 자기 자신에게 충실하지 못하고, 가족에게도 충실하지 못한 삶, 바로 여러분이 가장 되기 싫어하는 그런 모습이다.
　당신의 삶은 어떤지 돌아보며 다음 문항에 체크해보자. 지금껏 당신이 살아온 방식이 가정용인지 아닌지 스스로 진단해볼 수 있을 것이다.

아줌마 수치 자가진단 테스트

- **자기 자신에 대한 방치**

☐ 아침에 일어나서 바로 세수를 하지 않는다.
☐ 잠자리에서 일어난 옷을 그대로 입고 아침식사를 준비한다.
☐ 집에서는 갑갑해서 화장을 하지 않는다.
☐ 미용실에 가는 횟수가 한 달에 1회 이상 되지 않는다.

- **가족에 대한 방치**

☐ 남편이 퇴근할 때쯤 옷을 갈아입거나 화장을 하지 않는다.

☐ 아이들에게 언성을 높이거나 짜증을 낼 때가 종종 있다.
☐ 저녁 준비할 생각을 하면 지긋지긋하다.
☐ 저녁에 식구들이 남긴 음식을 모두 걷어 먹는다.
☐ 남편과의 잠자리를 위해 특별한 이벤트를 준비하지 않는다.
☐ 10년 후 우리 가정의 모습을 구체적으로 그릴 수 없다.

· **자기 내면에 대한 방치**
☐ 즐겨 보는 TV 프로는 드라마와 예능 프로다.
☐ 1년에 열 권 이상의 책을 읽지 않는다.
☐ 영화, 공연 등을 즐기는 횟수는 한 달에 한 번 이하다.

· **사회성의 방치**
☐ 친구들과 나누는 대화의 주제는 대개 남편과 아이들, 시댁 식구이다.
☐ 사회, 경제, 정치에 대한 주제로 남편과 대화를 나눌 때가 거의 없다.
☐ 가족 의외에 사회적인 유대관계가 없다.

2

생활의 직무유기, 당신은 잊고 있었죠?

　요즘 제일 잘나가는 직업이 연예인이나 스포츠 선수들이라고 한다. 제일 잘나가는 아이들은 바로 아이돌들이다. 그들이 외화까지 벌어들인다며 어느새 국민적인 영웅같이 되어버렸다. 한류 좋고, 아이돌 수출 다 좋다. 그런데 자기 일에는 손 놓고 TV나 바라보고 있는 직무유기자들이 많아서 문제다. 소녀 그룹을 보며 침 흘리는 남자들이나, 소년 그룹을 보며 넋 놓고 앉아 있는 여자들을 보면 한심하기 짝이 없다.
　소녀시대를 좋아한다는 어떤 남자에게 물어본 적이 있다. 다 자란 성인이 아이돌을 좋아하고 심지어는 팬질까지 하는 거 도대체 왜 그러는 거냐고. 그가 대답했다.

"살면서 재미있는 일도 없는데 뭔가에 집중한다는 건 좋은 거 아닌가요? 바람피우는 것보단 훨씬 건강한 취미잖아요."

나는 차라리 바람을 피우는 게 더 건강해 보인다고 대답해주려다 말았다. 못할 짓 하는 것도 아닌데 너무 심하게 몰아붙일 수는 없었기 때문이다.

아줌마들 중에서도 연예인을 보며 가슴앓이를 하는 경우를 종종 본다. '현빈 앓이'니 '지섭 앓이'니 하며 드라마 속 남자 주인공에게 푹 빠져 헤어 나오지 못하는 이들……. 그렇게 누구 앓이를 할 때는 남편 꼴도 보기 싫다고 한다. 이게 무슨 코미디 같은 일인가.

다음을 보며 생각해 보자.

직 - 주부의 역할을 다하고 있나요?

연예인 앓이는 바람이 아닐까? 누구에게도 상처 주지 않으니 건강한 취미 생활일까?

아니, 정신적인 바람이 더 심각한 바람이다.

요즘 아내들이 가장 스트레스 받는 것 중 하나가 남편들이 집에 와서 게임만 하는 것이다. 게임에 푹 빠지면 아내고 아이들이고 눈에 보이지 않는다. 남편의 취미생활에 왜 아내들은 그리도 화가 나는가? 남편이 자기 일을 제대로 하지 않고 있기 때문이다. 아내와 아이들에 대한 관심과 사랑도 남편의 의무라고 생각하기에, 컴퓨터만 바라보고 있는 뒤통수를 한 대 후려치고 싶어지는 것이다.

연예인에 대한 관심은 그저 하나의 예를 든 것뿐이다. 나는 우리 아내들이 어떤 일이고 남의 일에 부화뇌동하며 자기 일에 무관심해지는 것을 경계하고 싶은 것뿐이다. 자기 자신에게 집중하기보다 남의 일에 집중하기를 좋아하는 건, 자신을 방치하는 직무유기라는 말을 하고 싶은 것이다. 지금 아내로서의 역할을 끝장나게 잘하고 있는가? 당신이 아마추어가 아닌 프로라고 자부할 수 있는가?

주부에게는 집이 곧 일터다. 일터에 나가며 추리닝을 입는 사람은 없다. 그런데 많은 여성들이 눈곱도 떼지 않고 일터로 나간다. 이런 이들은 프로가 아니다. 프로는 일의 양이 아닌 질로 평가받는다. 그리고 끊임없이 능력을 키울 것을 요구받는다. 결과가 원하는 만큼 나오지 않으면 가혹한 평가를 피할 수 없다. 어제보다 오늘이 더 발전해야 한다. 그것이 세상이 프로에게 요구하는 것이다.

만약 당신이 어제도 오늘도 내일도 똑같은 밥만 한다면 프로가 아니며 매일 똑같은 식탁을 차리고 음식 솜씨도 발전이 없다면 당신은 아직 아마추어다.

세상 누구도 아마추어에게는 월급을 주지 않는다. 자신에게 당당하려면 지금 하고 있는 일에 프로가 되어야 한다.

당신은 주부 몇 단?

당신은 프로로서의 자부심을 갖고 있는가? 당신이 가정용으로 사는 주부인지, 프로 주부인지 다음 표를 보며 체크해보자.

가정용으로 사는 주부	프로 주부
삼시 세끼 밥 해놓는 것에 만족한다.	가정 요리사답게 늘 새로운 레시피를 연구한다.
집에서의 옷차림에 신경 쓰지 않는다.	가정은 나의 일터, 직장에 나가는 마음으로 옷을 차려입는다.
드라마 보는 게 나의 취미, 멋진 연예인이 내 마음속 애인이다.	나 자신의 삶을 영화처럼 아름답게 꾸민다. 남편이 나의 애인이다.
남편이 월급 내놓을 때마다 뭔가 손해 보는 사람처럼 생색낸다.	남편이 기분 좋게 월급을 내놓는다. 내가 그만한 역할을 하고 있음을 알기 때문이다.
가정 경제에 적자가 날까 봐 남편에게 늘 걱정을 듣는다. 적금, 내 집 장만, 이사 등의 큰 결정은 남편이 한다.	남편이 마음 놓고 돈을 맡긴다. 금융과 부동산에 관한 한 나는 우리 집 전문가로 인정받고 있다.

무 - 당신의 직업에 충실하십니까?

　많은 회사들이 남성을 선호하는 이유는 남자들이 업무에 더 적극적으로 뛰어들기 때문이라고 한다. 군대식 상명하복에 익숙한 남자들에게는 무언가 지시하고 명령하기도 쉽다. 또 남자는 직장을 잃으면 갈 곳이 없다. 벼랑 끝에 서 있는 사람은 능력의 한계치를 발휘하는 법이다.
　여성은 직장에서 일이 틀어지면 가정이라는 돌아갈 곳이 있다. 가정주부로 사는 것도 나쁘지 않은 일이니까 말이다. 여성은 어떤 경우에도 실업자가 될 염려는 없다. 가정이라는 평생 직장이 뒤에 버티고 있기 때문이다. 그것이 여성들을 소극적으로 일하게 만든다. 승진에 대한 부담감도 상당히 줄여준다. 그러나 부담이 없으면 그만큼 노력하지 않는 게 사람이다. 굳이 공부를 할 필요도 없다. 직장을 자아 성취의 발판으로 삼기보다는 단순히 월급 나오는 곳으로 생각한다. 그러나 오너는 그런 직원을 원하지 않는다. 살아남기 위해 죽기 살기로 덤비는 사람을 직원으로 두길 원한다.
　너무 안일한 생각으로 사회생활을 하고 있지는 않은지 돌아보기 바란다. 이 사회에서 경쟁력을 갖기 위해 얼마나 노력하고 있는지 생각해봐야 한다. 슬픈 현실이지만, 커리어에 발전이 없는 것도 이 사회에서는 직무유기다. 우리가 무한경쟁 사회에 살고 있다는 것을 잊어서는 안 된다.

**직업 마인드
체크 리스트**

당신이 과연 직장에서 환영받는 직업인인지 돌아보라. 철저한 직업의식을 가지고 일에 임하는가, 아니면 단순히 월급을 받기 위해 일하는지?

☐ 현재 직장을 월급 받기 위해 억지로 다니는 곳이라고 생각하는가?
☐ 직장에서 잘못되면 당신은 가정주부로 돌아갈 것인가, 아니면 다른 일을 찾을 것인가?
☐ 직장 내 남자 동료들과 동등하게 일하고 있다고 생각하는가?
☐ 승진 시험 준비를 하고 있는가?
☐ 앞으로의 커리어 발전을 위해 준비하고 있는 것이 있는가?
☐ 앞으로 10년 이상 더 일할 자신이 있는가?

유 - 지금 자신의 모습에 만족하십니까?

　지금 어떤 모습을 하고 있는지 거울에 비춰보라. 그리고 오늘 어떤 생활을 했는지 돌아보라.
　아침에 일어나 깨끗한 옷을 차려 입고 아침식사를 준비했는가? 남편과 아이들에게 얼마나 아름다운 모습을 보여주었는가? 아이들에게 온화한 말을 썼는가?
　나는 이런 것들이 자기 자신을 위해서도, 가정을 위해서도 꼭 필요한 기본이라고 생각한다. 나는 한 번도 남편 앞에서 옷을 갈아입은 적이 없다. 아이들에게도 어려서부터 존댓말을 썼다. 바른 몸가짐과 바른 언행이 가족에 대한 예의와 배려라고 생각했기 때문이다.
　내가 이렇게 대하면 가족들도 나를 대하는 태도가 달라진다. 나를 가정용으로 대하지 않고 당당한 사회의 일원으로 대접해 준다.
　한 집안의 아내이자 엄마로 열심히 살고 있는데 정당한 대접을 받지 못한다는 것은 견딜 수 없는 일이다. 그런데 그 대접은 내 쪽에서 먼저 시작해야 한다.
　또 가족에게 대접을 받아야 나가서도 대접받을 수 있다. 그리고 나 자신이 먼저 나를 대접해줘야 사람들도 나를 대우하게 되어 있다. '막', '아무렇게나', 이런 태도는 이제 버렸으면 한다. 내가 아무렇게나 살면 다른 사람들도 나를 아무렇게나 대한다. 생활 속에서 모든 것을 정성껏, 아름답게 가꿔야 한다.

기 - 남편과 사랑을 하고 계십니까?

당신은 일주일에 몇 번이나 남편과 관계를 갖는가? 질문을 바꿔야 할지도 모르겠다. 한 달에 몇 번이나 관계를 갖는지? 아니면, 일 년에……?

성생활의 직무유기 부부들은 의외로 많다. 많은 부부들이 결혼생활 중 섹스 트러블을 겪으며 남편이나 아내가 바람이 나는 이유 중 십중팔구가 섹스 문제다. 특히 결혼 전 성경험에 제한이 많은 여성 쪽에서 이런 문제를 겪는 경우가 많다.

많은 사람들이 알게 모르게 서로의 조건을 맞춰보고 그 셈이 맞아야 결혼을 결심하는데, 이상하게도 섹스 문제는 뒷전이다. 사실 부부가 살아가며 가장 중요한 부분인데 말이다. 심지어는 섹스를 싫어하는 여성, 섹스가 불가능한 남성들도 그것을 숨기고 결혼을 한다.

나는 성의 주도권을 쥐고 있는 것은 여자라고 생각한다. 겉으로 보기엔 남자가 칼자루를 쥐고 있는 것같이 보이지만, 남자에게 칼자루를 쥐어주는 것도 여자다. 알고 보면 성에 있어서 남자는 수동적인 쪽이다. 많은 여성들이 더 행복하게 성을 즐길 수 있는데 스스로 포기하고 있는 것은 아닌지?

우리 사회는 이런 이야기를 꺼내는 것조차 두려워하는 분위기가 있다. 그러나 부부 사이에서는 섹스에 관한 문제를 자유롭게 이야기할 수 있어야 한다. 남편을 피하고 싶은 아내, 아내를 피하고 싶은 남편들은 이것이 상대에 대한 직무유기라는 것을 알아야 한다. 이는 상대의 자존감에도 치명적인 상처를 주는 일이기 때문이다.

섹스 문제는, 건들기 두려워하면 한순간에 가정의 위기로 터져버릴 수도 있는 시한폭탄 같은 것이다.

건강한 성생활
체크 리스트

당신의 성생활을 점검해보자. 다음 항목에서 몇 가지나 해당되는가?

☐ 남편과의 스킨십이 불쾌하게 느껴진 적이 있다.
☐ 남편이 더 이상 남자로 느껴지지 않는다.
☐ 나는 섹스가 좋지 않다.
☐ 나는 성생활에 대해 남편과 의논하지 않는다.
☐ 남편을 피하기 위해 잠든 척한 적이 있다.
☐ 불만족스러운 성생활을 개선하기 위해 부부상담, 남편과의 의논 등 어떤 시도를 해본 적이 없다.

3

이젠 영업용으로 살 때다

'Woman'의 철자를 한번 살펴보자. 그리고 앞의 두 글자 'Wo'를 90도만 돌려보자.

그러면 '30man'이 된다.

바로 '30명의 남자'다.

여자 한 명이 30명의 남자 몫을 해내는 게 지금 시대다. 지금은 여성도 대통령이 되고 경찰청장에 임명되기도 한다. 우리나라도 이제 많이 바뀌었다. 적어도 대한민국에서는 여전히 남성의 영역이라 여겨지는 정치권이나 경제계에도 여풍이 불고 있다. 이런 시대에 언제까지나 여성이라고 움츠러들고 있을 수는 없다.

현대 의학을 넘어 각종 질병 예방과 함께
●약없이 건강해지는 법을 담은 건강 가이드 북

비타민, 내 몸을 살린다 / 물, 내 몸을 살린다 / 면역력, 내 몸을 살린다 / 영양요법, 내 몸을 살린다 / 온열요법, 내 몸을 살린다 / 디톡스, 내 몸을 살린다 / 생식, 내 몸을 살린다

다이어트, 내 몸을 살린다 / 통증클리닉, 내 몸을 살린다 / 천연화장품, 내 몸을 살린다 / 아미노산, 내 몸을 살린다 / 오가피, 내 몸을 살린다 / 석류, 내 몸을 살린다 / 효소, 내 몸을 살린다

호전반응, 내 몸을 살린다 / 블루베리, 내 몸을 살린다 / 웃음치료, 내 몸을 살린다 / 미네랄, 내 몸을 살린다 / 항산화제, 내 몸을 살린다 / 허브, 내 몸을 살린다 / 프로폴리스, 내 몸을 살린다

아로니아, 내 몸을 살린다 / 자연차유, 내 몸을 살린다 / 이소플라본, 내 몸을 살린다 / 건강기능식품, 내 몸을 살린다

「내 몸을 살린다」시리즈에 대해 더 자세히 알고 싶으시면 왼쪽의 **QR코드**를 찍어보세요!
낱권으로 전국 서점에서 구입할 수 있습니다

각권 3,000원

정윤상 외 지음 / 전 25권 세트 / 값 75,000원

건강 적신호를 청신호로 바꾸는 건강 가이드 　내 몸을 살린다 세트로 건강한 몸을 만드세요

① **누구나 쉽게 접할 수 있게 내용을 담았습니다.**
　일상 속의 작은 습관들과 평상시의 노력만으로도 건강한 상태를 유지할 수 있도록 새로운 건강 지표를 제시합니다.

② **한 권씩 읽을 때마다 건강 주치의가 됩니다.**
　오랜 시간 검증된 다양한 치료법, 과학적·의학적 수치를 통해 현대인이라면 누구나 쉽게 적용할 수 있도록 구성되어 건강관리에 도움을 줍니다.

③ **요즘 외국의 건강도서들이 주류를 이루고 있습니다.**
　가정의학부터 영양학, 대체의학까지 다양한 분야의 국내 전문가들이 집필하여, 우리의 인체 환경에 맞는 건강법을 제시합니다

모아북스는 경제, 경영, 자기계발, 동기부여, 에세이, 자서전, 건강도서, 비즈니스 가이드 출판을 목적으로 많지는 않지만 꾸준히 책을 출간해 오고 있습니다. 독자들에게 발빠른 정보를 전달하고자 분명한 뜻이 담겨있는 책과 일관된 정신이 깃든 책을 내고자하는 출판정신을 고수하는 전문가로 구성되어 있습니다. 모아북스의 책은 쉽고 재미있게 구성되어 있으며 누구나가 이해하기 쉬운 언어로 표현되었습니다. 또한 감각적인 디자인과 편집으로 엮어져 있습니다. 시대와 함께 자기 변화를 위해 꿈을 꾸는 많은 독자의 기대에 어긋남이 없도록 유익한 정보전달 파수꾼으로 최선을 다 하겠습니다.

| 살·아·있·는·지·식·과·건·강·정·보·가·숨·쉬·는·곳 |

모아북스
MOABOOKS

경기도 고양시 일산동구 호수로 358-25번지(백석동, 동문타워2차 519호)

대표전화 : 0505-627-9784   www.moabooks.com
원고 보낼 곳 : moabooks@hanmail.net

이제 더 이상 가정용은 통하지 않는 시대가 되었다. 전업주부들도 가정용으로는 살아갈 수 없다. 세상 모든 여자들이 다 가정용으로 살았을 때야 남편들도 그러려니 했겠지만, 지금 남편들은 밖에서 세련된 영업용 말투와 외모로 무장한 여성들을 수도 없이 만난다. 그러니 당신이 가정용으로 살아간다면 게임이 되겠는가?

> Woman ➡ ∃oman ➡ 30man
> 한 명의 여성은 30명 남자의 몫을 하고 있다.
> 자신이 여성이라는 소극적인 생각을 버려라!

아무렇게나 살지 말자, 인생이 아깝다

그렇다면 소위 잘나간다는 여성들은 무엇이 다를까? 그들은 감성보다는 이성을 중시한다. 하고 싶은 것보다는 해야 할 일을 한다. 가까이보다는 멀리 볼 줄 안다. 내 감정보다는 주위 분위기를 살필 줄 알기 때문에 언어를 쓰는 것부터 다르다. 센스 있는 말로 분위기를 업시킬 수 있다. 어떤 사람들은 말만 하면 분위기가 썰렁해지는데, 이들은 주위 사람들 하나하나를 신경 써가면서 배려 있는 말을 할 줄 안다.

사람들은 이런 것을 '영업용'이라고 말한다. 그리고 이런 태도를 계산적인 것이라고 꺼리는 이들도 있지만, 나는 그렇게 생각하지 않는다. 영업이야말로 우리가 배워야 할 기술이다. 내가 생각하는 '영업용 삶'이란 생각을 논리적으로 하고, 감정을 절제하며, 이성적으로 문제를 해결하는 것이다.

영업을 잘하는 사람들을 한번 주의 깊게 살펴보라. 그들은 우선 마음가짐부터 상대를 배려하며 자기 자신만 생각하는 마음은 행동으로도 드러나기 때문에 스스로를 돌아보며 자신의 진심을 확인한다. 또 그들은 상대의 말에 귀를 기울여 듣고 웃음으로 화답한다. 그리고 경청한 후에 나의 의견을 조리 있게 내놓는다.

이런 영업자 마인드는 이외로 우리 생활의 많은 부분에 적용된다. 우선 남편에게 영업용 멘트를 날려보라. 처음엔 어색하더라도, "당신 요즘 멋져 보이네"라고 하면 남편은 깜짝 놀라 당신을 다시 볼 것이다. 처음에는 이상하게 생각하더라도 아내가 계속 이런 말을 거듭 하면 남편의 마음이 열린다. 그리고 이렇게 자신을 칭찬해주는 사람에게 전과는 다른 마음으로 대할 수밖에 없다.

아이들이 말썽을 부릴 때도 이 영업자 마인드를 생각해보자. 영업자는 고객이 마음대로 되지 않아도 화를 내지 않는다. 끝까지 기다리며 자신의 페이스에 넘어올 때까지 웃음을 잃지 않는다. 영업자에게 인내심은 필수다. 여러분이 아이들에게 이런 인내심과 여유를 보여준다면 무슨 일에도 버럭 화를 내던 엄마와는 다른 엄마가 될 수 있다. 아이들은 어떨까? 이런 엄마를 보며, "우리 엄마는 달라", "우리 엄마 최고"라는 말이 나오지 않을까?

명함이 없는 삶을 살지 말자

가정용 삶은 명함이 없는 삶이다. '누구누구의 엄마'로 불리는 삶이다. 당신은 이런 삶이 지겹다고 말한다. 해도 티가 안 나는 집안일에 지쳤다고 말한다. 그러나 당신의 이름 'OOO'으로 살아갈 자신이 있는가?
그러기 위해서는 커다란 변화가 필요하다.
우선 당신의 후줄근한 추리닝부터 쓰레기통에 버려라.
당신의 얼굴에서 생활에 찌든 표정을 지워버려라.
그리고 당신의 마음을 가정용이 아닌 영업용으로 재정비하라. 이제 당신의 편은 아무도 없다고 생각하라. 아이도, 남편도, 부모님도 당신 편이 아니다. 정확히 말하면, '당신을 봐줄 사람'이 아닌 것이다. 그들이 당신을 냉정하게 평가한다고 여겨야 한다. 그래야 정제된 몸가짐과 말이 나온다.

사람들은 영업용을 거짓말이라고 생각한다. 그래서 진실된 자기 모습을 보여주며 살아야 한다고 말한다. 그러나 그것은 변화가 귀찮은 변명일 뿐이다. 책임지는 삶이 두려운 투정일 뿐이다. 당신의 말과 행동 모든 것에 당신은 책임을 져야 한다. 그것이 영업용 삶이다.

영업용 삶을 살면 당신은 잃었던 당신 자신을 찾을 수 있다. 당신의 이름으로 불리는 인생, 당신이 결정하며 사는 인생, 목표를 가진 인생, '자식' 때문에 살지 않고 '자신' 때문에 사는 인생으로 말이다.

이제 틀을 바꿔야 한다. 가정용이 아닌, 사회에 통용되는 마인드로 재무장해야 한다. 그렇게 할 때 비로소 우리는 사회로 나갈 준비가 된 것이다.

그런 여성은 집안에 있어도 빛이 난다. 가정을 누구보다도 프로답게 이끌어갈 것이기 때문이다. 이런 여성은 사회에 나가서도 성공한다. 어디에서도 자신만의 색깔로 삶을 가꿔가기 때문이다.

[가정용과 영업용 삶의 비교]

분류	가정용	영업용
명함	없다	있다
경제력	남편에게 의존한다.	내 힘으로 산다.
이름	누구누구의 엄마로 불린다.	자기 이름으로 불린다.
언어사용	생각나는 대로 말한다.	전략적으로 말한다.
외모	꾸미지 않는다.	나에게 어울리는 개성 있는 외모를 가꿀 줄 안다.
자기계발	발전이 없다.	매일매일 발전한다.
인간관계	가족에 한정되어 있다.	활발하게 사회생활을 하며 사람들을 만난다.
긍정의 마음	늘 불만에 차 있다.	행복한 이유를 언제나 찾을 수 있다.

모든 사람에게는 영업력이 필요하다

사람들은 영업자나 사업가들에게나 영업력이 필요하다고 생각하는 것 같다. 그러나 나는 생각이 다르다. 한 회사의 말단 직원에게도 영업력은 필요하다. 누구나 자기 자신이라는 브랜드를 팔아 먹고사는 영업자이다.

조직에서 적응하지 못한 사람들은 대개 인간관계의 문제라고들 말한다. 말이 안 통하는 상사를 만나서, 또는 재수 없는 사람들을 만나서 그렇다고. 직장인들이 가장 스트레스받는 것이 인간관계라는 통계도 있다. 이직을 결심하는 사람들에게 설문조사를 했더니 그 이유로 직장 내 인간관계를 꼽는 사람들이 가장 많았다.

그러나 나는 이 모든 것이 영업력의 문제라고 여긴다. 사람들은 자신을 영업자가 아닌 사무직 직원 또는 전문 직업인, 혹은 자연인이라고 생각한다. 그래서 주위 사람들에 대한 영업력보다는 자신의 능력으로 승부하려 든다. 그러나 조직이라는 것은 많은 이들이 더불어 함께 나아가는 곳이다. 개인의 개성과 능력도 중요하지만 조직의 한 일원이 되는 것도 무척 중요한 일이다.

개성이란 조직에서 보면 '모난 돌'이다. 모난 돌은 정을 맞게 마련이다. 자신을 둥글둥글하게 포장하는 능력이 부족하다 보니 인간관계에 문제가 생기고 갈등을 해결하지 못하는 것이다. 누군가의 밑에서 일했던 사람이 나가 자기 사업을 운영하게 되면 그제서야 영업력의 중요성을 깨닫는다. 세상 사는 것은 처음도 영업, 끝도 영업이라는 것을 알게 된다. 자영업자들이 늘 한숨 쉬면서 하는 말이 "남의 밑에서 일할 때가 편한 거였지"라는 말이다. 사업을 하다 보면 말단직원보다도 자기 마음대로 할 수 있는 게 더 없다는 걸 깨닫기 때문이다.

[영업력이 있는 사람은 어떤 사람인가]

- 스스로를 영업자라고 생각한다.
- 싫은 일도 웃으면서 할 수 있다.
- 싫어하는 사람이 따로 없으며, 그를 싫어하는 사람도 없다.
- "노"라는 대답보다 "예스"라는 대답을 할 때가 압도적으로 많다.
- 동료에게 질책보다 칭찬을 한다.
- 그가 있는 자리는 언제나 분위기가 좋다.
- 갈등을 조율하는 능력이 있다.

영업용으로 살아라

여성들이 겪는 많은 문제도 영업력의 부족에서 오는 것이다. 가정을 일터로 생각하지 않는 안일함이 문제를 부르는 것이다.

이런 이야기를 하면 많은 여성들이 "남편과 아이들을 영업 대상으로 생각하라고요?" 하며 어이없어 한다. 그러나 그것이 삶의 지혜다.

우리는 모두 빈손으로 태어나 온전히 자기 몸뚱어리 하나 가지고 이 힘겨운 세상을 헤쳐 나간다. 인간이 살 수 있는 건 사회적 관계를 맺고 살기 때문이다. 쌀 한 톨도, 몸에 걸치는 실오라기 하나도 자기 손으로 생산하지 않는다. 각자 자기 역할을 통해 서로 교환하며 이 많은 사람들이 먹고 사는 것이다.

누구도 홀로 살 수 없고, 가족관계도 하나의 작은 사회다. 가족을 일차적 사회라고 하지 않는가? 그것을 인정한다면, 가족과의 관계를 이어주는 끈이 무엇인지도 알 수 있을 것이다.

모든 사람과 사람의 관계는 필요한 것을 충족해주고 충족받는 관계다. 그리고 그것을 연결해주는 것은 협력과 배려, 사랑이다. 말하자면 그 협력과 배려, 사랑에 기름칠을 해주는 것이 필요한데, 그것이 영업력이라는 것이다. 다시 말해서 영업력이란 '인간관계의 윤활유'라고 할 수 있다.

경쟁력 있는 여자란

1. 스스로 인성을 다듬어야 한다.

모든 것은 인성으로부터 나온다. 바른 마음가짐을 갖도록 마음공부를 해야 한다. 작은 일에 화내거나 아무렇게나 행동하는 건 마음 수양이 덜 된 것이다. 결혼했다고, 집에 있다고 인간으로의 삶이 끝난 것이 아니다. 나이가 들수록 성숙해지지 못하는 사람은 영원히 지금의 굴레를 벗어나지 못한다.

2. 말을 골라서 하는 절제력이 필요하다.

가정용 여성들의 가장 큰 문제점은 말을 골라서 할 줄 모른다는 것이다. 집에서 살림만 하다 보면 나오는 대로 이야기하는 습관이 든다. 가족들만 대하기 때문에 굳이 사회에서 통용되는 딱딱한 말투를 쓸 필요가 없다.

그러나 가족들 사이에서도 정제된 언어를 쓰는 것이 서로에게 좋다. 자기 자신의 인격을 위해서라도 아름다운 말을 쓰도록 하자.

3. 상대를 기분 좋게 해줄 말과 행동을 할 줄 알아야 한다.

가정용 여성은 자기 감정에 집중한다. 하지만 정말 멋진 여성은 타인의 감정을 보듬을 수 있는 사람이다. 남편과 아이들에게 힘을 주고 기분을 업시키는 말을 할 줄 알아야 한다. 친한 사이일수록 영업용 멘트가 필요하다. 행동도 부드럽게, 상대를 배려하면서 하자. 그것이 집안 분위기를 훈훈하게 바꿔준다.

4. 경제력을 가져야 한다.

여자도 직업을 갖고 있어야 한다. 경제력을 의존하고 사는 것은 자신의 운명을 다른 사람에게 맡기고 있는 것이나 다름없다. 그러면 사람은 당당할 수 없다. 남편에게 모든 책임을 떠맡기지 말고, 서로 반반의 책임을 진다고 생각하라. 가정 수입의 반을 책임질 수 없다면, 열심히 경제 공부를 해서 그만큼의 몫을 하자.

5. 스스로 행복한 사람이 될 수 있어야 한다.

정신적인 부분도 누군가에게 의존해서 살아가는 것은 좋지 않다. 상대가 나에게 행복을 주지 않으면 삶이 무너져버리기 때문이다. 행복은 스스로 만들어가는 것이라고 생각하라. 내가 행복하기로 마음먹으면 얼마든지 행복할 수 있다.

6. 아무리 나이가 들어도 아름다움을 포기해서는 안 된다.

아무렇게나 하고 사는 것은 가정용 삶이다. 이런 모습은 나 자신조차 사랑할 수 없다. 스스로 멋지게 보이도록 가꾸어보자. 내면과 외면에서 함께 아름다움이 풍겨 나올 수 있도록.

7. 꾸준히 공부하고 교양을 닦아야 한다.

말과 행동에 자연스럽게 그 사람의 교양이 드러나는 법이다. 사람은 공부가 부족하면 어떤 말을 해야 할지, 어떤 행동을 해야 할지 잘 모른다. 자기는 알고 있다고 여기지만, 남들이 보기에는 턱없이 부족할 수도 있다. 그러니 공부는 평생 한다고 생각하라. 이 사회의 당당한 일원이 되고 싶다면 꾸준히 배우고 노력해야 한다.

4

가정용에서 영업용으로, 프레임 바꾸기

　적극적인 사람이 사회에서도 가정에서도 성공한다. 긍정적인 마인드로 무장하여 적극적으로 살아가는 것이 필요하다.
　'가정용'에서 '영업용'으로 프레임을 바꾸면 긍정적인 태도가 자라난다.
　'가정주부는 프로다, 하우스 매니지먼트다'라는 새로운 개념이 생기면 누가 시키지 않아도 살림을 똑 소리 나게 하게 된다. 남편의 눈치를 살피며 손을 내밀어주길 기다리고 있을 필요도 없다. 행여 밖에 나가 딴짓 할까 마음 졸일 필요도 없다. 남편을 당당하게 리드하면 된다. 부부간에 사랑은 여자 하기 나름이다.

가정용에서 영업용으로 바꾸면 삶이 변화하기 시작한다. 나를 힘들게 하던 환경이 나를 도와주려는 환경으로 바뀐다. 가족과 친구는 나를 지원해주는 고마운 존재가 된다. 나에게 적대적이었던 사람조차 아군으로 만들 수 있다. 세상에 온통 나를 좋아하는 사람들로 가득 차게 된다.

이는 정말로 가슴 뛰는 일이다. 사람은 사랑을 먹고 산다. 타인에게 인정받고 싶은 욕망은 사람의 기본적인 욕구이다. 인정과 사랑을 많이 받는 사람은 생활에도 탄력을 받아 더 활기차게 살 수 있다. 일도 더 잘 되고 인생이 지루할 틈도 없다.

좀 더 적극적으로 나에게 주어진 환경을 발전시켜보자. 누군가에게 내 행복을 맡겨놓지 말고 스스로 행복을 만들어보자. 목소리 큰 사람이 이긴다는 우스갯소리도 있지만, 요즘 시대에는 여성들도 목소리가 좀 커야 한다. 여자 목소리가 담장 밖으로 좀 넘어가야 한다. 왜 예전 유행가 가사도 있지 않은가. "청바지가 잘 어울리는 여자, 웃을 때 목젖이 보이는 여자……." 웃을 때도 목젖이 보일 만큼 크게 웃어젖히고, 남편 어깨 두드리며 기운도 좀 북돋아주자. 활력 있는 에너지가 가정에 넘쳐흐르도록 여성이 먼저 나서보자.

누군가 자신에게 행복을 가져다줄 거라는 기대는 접어버리자. 그것을 누가 해주겠는가? 남편이? 아이들이? 아니, 그런 일은 결코 일어나지 않는다. 가정의 행복은 여자가 만들어가야 한다.

여성은 모두 하우스 매니지먼트

　살림도 프로답게 하면 멋진 일이다.
　요즘 젊은 주부들이 인터넷에 자신의 요리 레시피를 올리는 것을 보면, 우리 때도 인터넷이 있었으면 훨씬 더 재미있었을 텐데 하는 생각이 든다. 만약에 그랬으면 나는 파워 블로거가 되었을 것이다.
　그런 주부들에게는 매일 하는 밥이 의무가 아닌 즐거운 취미 생활이다. 자신의 일상에 의미를 부여하는 것이며 어떤 초보 주부나 자취생들이 그 레시피를 따라서 요리를 할 것이다. 그런다고 돈이 나오는 것도 아니지만, 그들은 누군가와 함께 나누고 타인에게 도움을 준다는 것 자체로 보상을 받는다. "그대로 따라서 만들어봤더니 아주 맛있었어요" 하는 댓글이라도 올라오면 그게 기뻐서 그들은 또 새로운 요리를 올리고, 그렇게 요리 연구가가 되어가는 것이다.
　그런데 대부분의 주부들은 매일 똑같은 밥만 해놓는다. 그러면서 밥하는 일이 지겹다고 말한다. 그런 이들은 스스로 행복 찾는 일을 포기한 것은 아닌지?

주부란 가정을 이끄는 매니지먼트의 일이다. 찾아보면 할 일이 정말 많다. 보람도 느낄 수 있다. 한 가정을 성공적으로 이끌어본 매니지먼트 능력은 사회에서도 쓰임이 많다. 그래서 주부들이 사업을 하면 성공하는 경우가 많은데, 많은 이들이 자신을 너무 과소평가한다.

매일 똑같은 밥? 그건 프로의 방식이 아니다

나는 아이들을 키우며 똑같은 밥을 해본 적이 없다. 매일 똑같은 밥을 하는 것은 엄마로서의 내 자존심이 허락하지 않았다. 고구마를 넣으면 고구마밥, 콩나물을 넣으면 콩나물밥, 굴을 넣으면 굴밥, 영양밥도 있고 곤드레나물밥도 있는데……. 나는 밥도 컨셉 있게 해야겠다고 생각했다. 언제나 가족들을 깜짝 놀래키고 싶었다. 그것이 주부로서의 자존심이기도 했다.

예전에 우리 가족이 방이동 그린빌라에 살 때, 아이들은 우리 집을 '그린빌라 레스토랑'이라고 불렀다. 애들에게 돈가스 하나를 해주어도 나는 음악을 틀어놓고 촛불 키고 멋들어지게 차려주었다.

요즘 같은 세상이었다면, 나도 내 레시피를 인터넷에 올려 파워 블로거가 되지 않았을까?

남편에게 아침밥을

　요즘 남자들은 아내에게 아침밥 얻어먹고 나오는 사람을 제일 부러워한다고 한다. 맞벌이 부부라면 몰라도 전업주부가 아침밥을 안 차려준다는 것은 자기 직업에 충실하지 않은 것이다. 그러면서 자기 권리를 주장해서는 안 된다.
　주부는 한 가정의 경영인이자 경제 전문가다. 그런데 주부는, 말하자면 월급 사장인 것이다. 전문 경영인이지만 월급을 주는 사람은 따로 있다. 바로 남편이다. 남편이 벌어온 돈으로 가정 경제가 굴러간다면 이는 당연한 현실이다.
　월급 사장이라고 말했다 해서 기분 나빠할 필요는 없다. 어쨌든 가정의 리더는 당신이기 때문이다. 리더가 훌륭히 자기 역할을 수행하고 리더십을 발휘하면 사람들은 그를 따르고 존중하게 되어 있다. 존중받는 리더는 돈줄을 쥐고 있는 회장님이라 해도 마음대로 휘두를 수 없는 법이다.

긍정적인 에너지

　여성들은 그동안 자신을 가두고 있던 생각이 무엇인지 알아야 한다. 부정적인 생각에 싸여 있으면 주위 환경도 부정적으로 흐른다. 가치관과 철학은 살아가는 데 매우 중요한 것이다. 어떤 가치관으로 살아가느냐가 그 사람의 인생을 결정한다고 해도 과언이 아니다.

나는 《시크릿》이라는 책을 좋아한다. 내가 무엇을 하기로 마음먹으면 온 우주가 그것을 이루어주는 방향으로 움직인다는 책의 메시지가 나의 마음을 사로잡았다. 긍정적인 에너지로 가득 찬 사람은 긍정을 낳는다. 사람의 마음이 가진 에너지는 우주를 움직일 만큼 굉장한 힘을 발휘한다.

내가 무엇이 될 수 있다고 생각하면 적어도 그와 비슷한 사람은 될 수 있다. 아이는 부모가 믿어준 만큼 큰다는 말도 있지만, 이건 아이들에게만 해당되는 말이 아니다. 사람의 능력이란 자신이 생각하는 만큼 발휘되는 것이다.

당신의 하우스매니지먼트 능력 수치는?

당신의 가정경영 능력은 어느 정도인지, 다음 문항에 체크하며 파악해보자.

분류	항목	
자신감 체크	나는 내 이름이 적힌 명함을 갖고 있다.	no ☐ yes ☐
	나는 주부라는 내 직업에 자부심을 느끼고 있다.	no ☐ yes ☐
	남편과의 관계를 주도적으로 이끌 수 있고, 대화를 통해 합의점을 찾을 수 있다.	no ☐ yes ☐
	스스로 가치관이 정립되어 있기 때문에, 아이들을 훈육할 때도 자신감이 있다.	no ☐ yes ☐
	10년 후 나의 미래를 구체적으로 그릴 수 있다.	no ☐ yes ☐
가계운영 능력 체크	효율적이고 계획적인 소비생활로 현재 가정 경제에 적자가 나지 않는다.	no ☐ yes ☐
	가정의 수입 중 노후를 위해 준비하는 일정한 돈이 있다.	no ☐ yes ☐
	내 집 마련 계획이나 대출금 상환 계획을 뚜렷이 세워놓았다.	no ☐ yes ☐
	현재 시중에 나와 있는 금융상품, 보험상품에 대한 지식이 있다.	no ☐ yes ☐
	투자가치와 아이들 교육환경을 동시에 고려하여 내 집 마련 준비를 할 수 있다.	no ☐ yes ☐
	매일 뉴스를 빠뜨리지 않고 본다.	no ☐ yes ☐

사회에 대한 관심도 체크	지금 사회의 이슈가 무엇인지 잘 알고 있으며, 그에 대해 언제든 토론할 수 있다.	no ☐ yes ☐
	아이들의 사교육을 어디까지 시킬 것인지에 대한 명확한 기준이 있다.	no ☐ yes ☐
	나는 남편의 뜻에 따라 투표하지 않고, 스스로 후보를 파악하여 소신 있게 투표한다.	no ☐ yes ☐
	더 나은 사회를 위해 내가 할 수 있는 일을 적극적으로 찾아 실행한다.	no ☐ yes ☐
교양수준 체크	나는 한 달에 한 권 이상의 책을 읽는다.	no ☐ yes ☐
	나는 미래를 위해 준비하거나 배우는 것이 있다.	no ☐ yes ☐
	나는 모르는 것이 생기면 그때그때 찾아서 알아둔다.	no ☐ yes ☐
	남편과 아이들에게 지적으로 무시를 당한 적은 없다.	no ☐ yes ☐
	일반적인 수준의 지식이라면 아이들이 물어볼 때 바로 대답해줄 수 있다.	no ☐ yes ☐
삶의 여유도 체크	지인을 만났을 때 밥값을 먼저 낸다.	no ☐ yes ☐
	1년에 한두 번은 지인들을 집으로 초대해 파티를 연다.	no ☐ yes ☐
	딸에게 물려주고 싶은 명품을 하나 이상 가지고 있다.	no ☐ yes ☐
	가족들과 조율해 혼자만의 휴기를 떠날 수 있다.	no ☐ yes ☐
	경조사가 다가오는 것이 두렵지 않다.	no ☐ yes ☐
점수 계산	* no는 0점, yes는 4점으로 계산한다. * yes 항목에 체크한 숫자를 모두 세어 4를 곱한다. * 그것이 당신의 매니지먼트 점수이다.	no ____ 개 yes ____ 개

당신의 하우스매니지먼트 점수는 몇 점인가? ____ 점

04장

유효기간

'내 뜻' 대로
살기 위해
무얼 준비했는가?

1

나의 하루는

나는 아침에 늦잠을 자지 않는다. 이르면 5시, 보통 6시면 일어난다. 늦은 시간까지 눈곱을 붙이고 누워 있는 것은 내 삶을 사랑하지 않는 것이라 생각하기 때문이다. 특별히 할 일이 없는 휴일에도 일찍 일어나 하루를 준비한다. 그것이 나의 인생을 행복하게 열어준다.

사업을 접고 1년을 집에서 쉬어보았다. 편하고 좋았다. 일을 안 할 때 가장 좋았던 것은 발 편한 신발을 신고, 굳이 미장원 가서 머리를 다듬을 것도 없이 그냥 내버려 둬도 누가 뭐랄 사람이 없다는 것이었다. 그런데 이상했다. 시간이 갈수록 나 자신을 잃어버리는 듯한 느낌이 들고 자신감도 사라져갔다.

다시 일을 시작한 지 4년. 지금은 귀찮아도 미장원에 꼭 가서 컬을 넣은 단발머리를 고수하고 있다. 사람들을 만나 신뢰감을 심어주어야 하니 옷도 단정하게 입는다. 아침에 거울 앞에 앉아 머리를 다듬고 화장을 한다. 검은색 자켓을 걸치고 하이힐을 신는다. 4년 전 다시 첫 출근을 시작하며 나는 운동화를 벗어버리고 죽을 때까지 힐을 신겠다고 마음먹었다.

마릴린 먼로는 이런 말을 했다고 한다. "그녀에게 알맞은 신발을 줘라. 그러면 그녀는 세계를 정복할 것이다."

미국에 사는 동생에게 가서 동생이 해주는 밥을 먹으며 좀 쉬어보니, 늦잠 자는 것도 힘든 일이구나 싶었다. 뭔가 하고 싶어 근질근질했다. 사람이 직업이 없다는 건 불쌍한 일이라는 생각이 들었다. 나는 누가 뭐라 하는 것도 아닌데 매일 꼬박꼬박 역삼동 사무실로 나간다. 일의 특성상 출퇴근이 강제적인 것도 아닌데 나는 출근을 빼먹지 않는다. 일을 하려면 화끈하게 하고 싶다. 그저 이름만 걸어놓고 어영부영 하는 것은 마음에 안 든다.

직장은 놀이터였다

나에게 일은 일이 아니다. 일은 나의 가장 재미있는 놀이다. 일을 통해서 사람들과 관계를 맺고 사회에서 내 역할을 하는 것이 너무나 행복하다.

지금의 이런 내 모습은 열 살의 순이가 꿈꾸었던 그것이다. 지금과 같은 일, 지금과 같은 인간관계, 심지어는 지금의 옷 스타일, 헤어스타일, 몸무게까지도 그때 꿈꾸던 내 모습이다. 단 하나 다른 게 있다면 열 살 때 생각보다는 좀 더 오래 일하고 있다는 것?

열 살 그 시절에 읽은 책 한 권이 있다.《정상에서 만납시다》라는, 지그 지글러의 성공학 책이었다. 그 책이 어린 나에게 뚜렷한 미래관을 심어주었다. 그때는 저자가 누구인지도, 그렇게 유명한 책인지도 몰랐다. 그저 동네 언니한테 놀러 갔다가 우연히 읽게 된 것이었다. 세로쓰기 책이었는데, 어린 내가 다 이해하고 읽었는지도 모르겠다. 그러나 나는 그 책을 통해 진취적으로 살아가는 삶에 대한 어렴풋한 동경을 품게 되었다. 그리고 인생과 성공에 대한 그림을 그리기 시작했다.

자기주도적으로 만들어가는 어른의 삶이 그렇게 멋져 보일 수가 없었다. 어린 마음에도 그것은 뇌리에 깊이 박혔다. '나는 평범한 사람으로 살지 않겠다', '내 일에서 성취감을 느끼고, 더 많은 사람들에게 베푸는 영향력 있는 사람이 되겠다' 고 마음먹었다.

그리고 결심했다. 오십 살까지 일을 해야지! 그리고 내 일을 통해 많은 사람들을 도우면서 살아야지……. 그때 오십이면 할머니였다. 평균 수명이 늘어난 지금 인생을 더 길게 잡는다면, 지금은 칠십 정도로 봐야 하지 않을까?

어려서부터 독립심이 강했던 나는 누군가에게 내 삶을 의존하겠다는 생각을 해본 적이 없다. 독립적인 삶을 살려면 직업이 있어야 한다는 것도 어렴풋이 알았다. 나는 나만의 '꿈 목록'을 적었다. 어떤 사람이 되고 싶은지 하나하나 적어 내려갔다.

그때 꿈 목록에 적은 것이 '책 쓰기', '사업가', '동기부여가' 같은 것이었다. 나는 지금도 어린 시절의 그 꿈을 하나하나 이루어가고 있다.

꿈꾸는 삶

나는 계획 없는 인생은 무덤이라고 생각한다. 변화가 없는 인생도 무덤이다. 구체적인 계획 없이 인생을 사는 것은 너무나 지루한 일이다. 나는 체중 조절도 뚜렷한 목표를 세우고 한다. 내 키에 표준 체중은 58킬로그램. 이제 나는 1킬로그램만 극복하면 된다.

내가 나이 오십에 내 인생을 돌아보며 새로운 일에 뛰어들었을 때, 나에게는 뚜렷한 목표가 있었다. 나는 사람들을 만날 수 있는 일을 하고 싶었고, 사람들에게 좋은 영향을 주는 사람이 되고 싶었다. 그래서 가장 많이 사람을 만날 수 있는 보험업을 내 꿈터이자 학교로 삼기로 했다. 나는 1년도 안 돼서 천만 원 고객을 유치하며 에이스생명 APC를 달성했고, 이제 4년차가 되었다. 4년제 대학의 마지막 학기쯤 된 것이다.

그리고 이제 다른 변화를 준비하고 있다. 내 어린 시절의 마지막 꿈. 책과 강의를 통해 사람들의 변화를 돕는 멘토가 되는 것이다. 회사에서도 나는 후배들을 돕는 일이 재미있다. 회사에 입사한 사람들이 모두 잘 적응하는 것은 아니어서, 3년 정도 지나면 100명 중 한두 명 남을 정도로 정착률이 낮다.

나는 이 일을 시도하는 사람들에게 더 잘할 수 있도록 도와주는 것이 작은 꿈이다. 사내에서 사람들을 안정적으로 정착시키고 싶다.

그리고 사외에서는 고객들을 멘토링해 준다. 내가 거래하는 이들은 대개 기업체 CEO들이다. 또 작은 사업이나 임대업을 하는 사장님들도 있다. 그들에게 내 사업 경험이 도움이 된다. 작게는 다이어트 비법이나 골프 잘 치는 방법까지 가르쳐준다. 나는 골프 실력이 웬만한 남자 사장님들에게 뒤지지 않는다. 여자 사장님들에게는 내가 83킬로그램에서 59킬로그램으로 다이어트를 성공한 비결이 무엇인지 알려준다.

어떤 방법으로든 사람들에게 도움을 주는 것이 내 기쁨이다. 아이들을 키워보았으니 자녀교육에 대한 멘토링도 할 수 있고, 결혼생활을 해보았으니 부부 관계에 대한 조언도 해줄 수 있다. 사람을 많이 상대해왔기 때문에 인간관계나 소통의 문제에도 도움을 줄 수 있다.

실제로 많은 사람들이 나에게 조언을 구해온다. 나는 그럴 때마다 성심성의껏 도움을 주려 노력하고, 조언을 구하는 상대를 위해 혼자서 공부도 많이 한다. 더 많은 사람에게 영향력을 줄 수 있는 사람이 되자는 나의 어릴 적 꿈을 이루기 위해 한 단계씩 준비하고 있다.

나는 오늘도 내 꿈을 향해 집을 나선다. 내가 꿈꿀 수 있고 그 꿈을 향해 나아갈 수 있는 것에 감사하면서.

2

/

결혼과 일의 관계

 사람들은 나에게, 그 시절에 어떻게 아이를 키우며 사업까지 할 수 있었냐며 궁금해한다. 나는 꽤 규모가 큰 인테리어 사업체를 운영했는데, 당시는 일하는 엄마를 위한 시설이나 조건이 지금보다 훨씬 더 열악했다. 아이들을 맡길 보육시설도 별로 없었고 요즘처럼 파트타임으로 집안일을 도와주는 도우미도 별로 없었다.
 다른 여성들과 마찬가지로 나도 결혼과 함께 아내이자 엄마로 살아가며 점점 내 이름을 잃어갔다. 주위 환경도 내 일을 격려해주기보다는 오히려 반대하는 분위기였다. 그래도 나는 큰 애를 낳은 후에 일을 시작했고, 일을 하면서도 두 아이를 더 낳았다. 본래 다섯쯤 낳아 기르는 게 꿈이었던 나는 애 욕심도 포기할 수 없었다.

사람들은 말했다. 여자는 남편 내조하고 아이들만 잘 키워도 중간은 간다고. 그러나 나는 그것만으로는 완전하지 않았다.

독립적으로 자란 어린 시절

중학교 때 학교에서 테니스 선수로 뽑히면서 운동을 시작했다. 천안여중을 다녔는데, 당시 교장선생님이셨던 백영기 선생님은 교내에서 성적이 우수한 아이들을 1등부터 10등까지 뽑아 운동을 시켰다. 우리 학교는 새마을운동 우수 모범학교로 뽑혀 전국에서 벤치마킹하러 오기도 했다.

전교 1등이었던 친구에게는 탁구를 시켰는데, 결국 운동을 계속해 지금은 백석대학교 교수가 되었다. 그다음은 사격, 그다음은 테니스, 이런 식이었다. 나는 테니스를 쳤는데, 중학교 재학 중에 충청남도 전국소년체전에 출전하기도 했다.

중학교 졸업 후 고등학교를 대전으로 가려고 했지만 아버지 반대로 가까운 천안여고로 진학했다. 천안여고에서는 다른 아이들과 마찬가지로 평범하게 공부를 하며 지냈다.

이런 나의 어린 시절을 되돌아보면, 나는 그때부터 좀 어른 아이 같은 기질이 있었다. 학교에서 수학여행을 간다고 7만 원인가 8만 원 정도의 비용을 걷는데, 그것이 싫어서 그 돈으로 돼지를 한 마리 샀다. 내 밑으로 동생 넷이 줄줄이 있다 보니 큰딸로서 부모님께 어떻게든 도움을 드리고 싶은 마음이었던 것 같다.

당시 아버지께서 주유소를 하셨고, 주유소 건물 뒤에 조그만 땅이 있었다. 거기다 울타리를 치고 돼지를 길렀다. 나는 수학여행 사진 대신 새끼 돼지 열두 마리를 얻었다. 엄마와 함께 울면서 받았던 기억이 있는데, 지금 생각해보면 참 재미있다.

여고를 졸업하자 아버지가 곧바로 시집을 가라고 하셨다. 당시 오남매를 모두 대학에 보내는 것은 만만치 않은 일이었고, 딸들은 우선순위에서 밀리기 마련이었다.

아버지께서는 한전에 다니는 사람이라며 사진 한 장을 보여주셨다. 그때 내 나이가 스물이었다. 나는 딱 잘라 말씀드렸다.

"아버지, 나는 이렇게 살 사람이 아니에요."

나는 서울로 올라와 아르바이트를 시작했다. 중학교 때 배운 테니스가 그때 그렇게 쓰일 줄은 몰랐다. 당시에는 꽤 사는 사람들이 테니스를 치러 다녔는데, 강남에 있는 테니스 코트에서 자리를 얻어 레슨을 하니 웬만큼 서울 생활이 되었다. 그리고 친구가 공부하는 걸 보며 나도 대학에 가야겠다 결심했다.

'장학금을 받아야겠다, 그러면 대학에 갈 수 있겠지…….'

하지만 부모님이 딸을 서울에 혼자 두고 맘이 편하실 리는 없었다. 아버지가 서울로 따라오셔서 내 취업 자리를 알아보셨다. 그때 고모부가 태평양화학에 계셨는데, 아버지가 내 손을 끌고 고모부의 회사로 가셨다. 그러나 내가 보기에 고졸 말단 여직원이 할 수 있는 일이란 게 별로 없었다. 나는 도저히 여기서 경리를 보고 싶지는 않다고 아버지를 설득했다. 체육학과에 들어가 장학금을 받을 테니 대학을 보내달라고…….

아버지도 더 이상은 반대를 하지 않으셨다.

내가 졸업 후 잠깐 집에서 놀고 있을 때, 지나가던 스님이 우리 집에 시주를 받으러 오셔서 나를 보고 이렇게 말씀하셨다고 한다.

"저 아이는 옷을 홀딱 벗겨서 내보내도 금의환향할 아이니, 가능하면 시집을 늦게 보내세요."

다음해에 나는 이화여자대학교 체육학과 81학번 장학생으로 입학했다.

사랑과 결혼

풋풋한 스무 살, 나도 다른 사람들처럼 첫사랑을 시작했고 그 사람이 내 남편이 되었다. 남편은 동국대학교 철학과 출신으로, 당시 육군 대위였다. 동시에 불교 법사로 있었는데, 법사는 불교를 공부하고 가르치는 사람이다. 우리가 처음 만난 것도 조계사였다.

남편과 만난 후 1년쯤 지났을 때 대구에서 친구 결혼식이 있어 함께 가게 되었다. 결혼식 후 기차역에서 남편은 우리 집에 가서 인사를 드리겠다며 서울로 올라오지 않겠다고 버텼다. 나는 덜컥 겁이 났다. 집에 인사를 시키면 그다음 수순은 곧바로 결혼이 될 것 같았다. 안 그래도 아버지는 나를 빨리 결혼시키고 싶어하셨는데……. 그러면 내 꿈은, 내 미래는 어떻게 될까?

나는 그를 천안역에 버리고 혼자 서울로 올라와버렸다. 그리고 서울역에 앉아 다음 기차로 그가 내리기를 기다렸다. 당시는 통행금지가 있던 시절이라 이 기차에 그가 와야 하는데, 그런데 아무리 기다려도 오지 않는 것이었다.

다음 날 그의 집으로 연락해보니 그는 서울로 올라오지 않았다고 했다. 하루가 가고 이틀이 가도 연락이 없었다. 그리고 일주일 후…….

내가 천안역에서 먼저 가버린 후 그는 그 길로 부산의 한 절로 내려가 머리를 깎고 스님이 되어 있었다. 하얀 승복을 입고 일주일 만에 나타난 그를 보고 나는 할 말을 잃었다.

우리는 서로 붙잡고 엉엉 울었고, 그는 마지막 소원이 있다고 했다.

"졸업할 때까지 기다릴게. 그전에 너희 집에 가서 한 번만 아버님을 뵙고 싶어……."

몇 개월 후, 그의 머리카락이 조금 자랐을 때 우리는 함께 천안으로 내려갔다. 그리고 아니나 다를까, 아버지는 "대한민국 육군 대위면 국가에서 인정한 사람이니 됐다" 하시며 흡족해 하시더니, 악수까지 하며 갑자기 결혼 승낙을 해버리셨다. 그때가 대학 2학년, 그해 가을에 우리는 결혼했다.

사업을 시작하다

당시 이화여대는 학생들의 결혼을 금지하는 금혼 규칙이 있었다. 2학년 재학 중에 결혼한 나는 자연스럽게 학교를 그만두게 되었다.

남편의 집안은 꽤 넉넉했고 남편이 대위였기 때문에 결혼생활을 시작하는 것이 경제적으로 어렵지는 않았다. 남편은 결혼 후에 사업을 시작했고, 나는 아이들 셋을 낳으며 평범한 가정주부가 되어갔다.

내가 다른 여자들과 다른 것이 있었다면, 가정의 책임을 남편과 반반 나누어 갖고 싶었다. 어려서부터 독립적으로 커온 나는 남편에게 기대어 사는 것이 편하지 않았다. 나도 반의 책임을 지고 싶었다. 처음으로 사업을 하는 남편이 뭔가 힘들어 보일 때면 돕고 싶은 마음이 굴뚝같았다.

한 대학 교수님은 지금도 나를 '허 장군'이라고 부르신다. 뚜벅뚜벅 걷는 발걸음이 꼭 장군 같다며. 나의 여장부 기질은 아마도 오남매의 장녀로 살아온 어린 시절 때문이 아닐까 싶다. 게다가 육남매의 맏이에게 시집을 왔으니, 유달리 책임감이 컸고 에너지도 넘쳤다.

큰애를 낳았을 때쯤이었던 것 같다. 일이 하고 싶어 근질근질한데 딱히 명분이 없었다. 살림이 어려웠던 것도 아니고, 시댁에서 경제적으로 지원해주는데 애 낳은 큰며느리가 나가서 일하는 것을 환영할 리도 없었다. 나는 남편에게 내가 운전기사 노릇을 해주겠다고 제안했다. 그리고 곧바로 운전면허를 따서 남편의 기사로 나섰다.

남편을 따라다니다 보니 사업도 조금씩 눈에 들어왔다. 얼마 후에 남편에게 말했다.

"내 평생소원이 월급 받는 거예요. 내 명함을 갖고, 월급을 받고 그렇게 한 사람 몫을 하고 싶어요."

그 당시 여성들의 삶은 아기 낳고 남편 보필하며 사는 것이 일반적이었는데, 나는 왜 그리도 일을 하고 싶었는지 모르겠다. 사람은 원하는 삶이 다 다른 것인가 보다.

큰애가 대학에 들어갈 때쯤에는 사업이 꽤 커져 있었다. 개인 회사를 법인 회사로 바꾸고 주식회사가 되었다. 그러면서 내 이름으로 명의를 바꿨다. 그렇게 내 이름으로 된 사업체 하나, 그리고 남편의 사업체 하나를 운영해갔다.

나는 종로에 있던 회사를 방이동 집 가까이로 옮겨 더 적극적으로 사업과 엄마 역할을 병행했다. 사업이 점점 확장되어 나 혼자 집안일을 감당할 수 없게 되었을 때는 가족들의 도움을 구했다. 아이들도 웬만큼 컸고, 어머니와 동서가 집에 와서 살림을 도와주기도 했다.

부부가 함께 살아도 항상 남편에게만 책임을 지우면 경제적으로는 물론 정신적으로도 힘들어진다. 서로 힘들어지는 것이다. 집안 경제를 여자가 전혀 모르는 것은 서로에게 부당한 일이다. 나는 부부가 모두 절반의 책임을 져야 한다는 생각에 지금도 변함이 없다.

워킹맘으로 사는 건 고된 일이지만, 나의 책임을 다했을 때 받는 보상은 그보다 더 크다.

생산적인 활동을 하고 싶은 욕망

무엇보다 사람에게 중요한 것은 소속감과 생산적인 활동을 하는 즐거움이다. 그저 아내와 엄마로 살아가다 보면 외딴

섬에 홀로 떠 있는 기분이 든다. 가정이 모든 사회적 욕구를 채워주지는 않는다.

여성들이 사회로 나가고 싶어하는 이유가 그것이다. 세상 모르고 편하게 사는 것이 결코 맘이 편하지 않은 것이다. 사람들과 관계를 맺고 자신의 영역을 넓혀가는 것이 남자들만의 영역은 아니다. 사회적 욕구는 인간의 기본적인 욕망이다. 무한한 능력을 가진 여성에게 사회활동을 차단시키는 것도 하나의 폭력이다.

쓰임새 없는 사람이라는 생각이 얼마나 힘든 것인지는 퇴직한 가장들만 보아도 알 수 있다. 정년을 다 채우고 퇴직한 60대 남성들도 퇴직 후 심한 우울증을 겪는다. 그것을 여자들은 20~30대부터 겪어야 하는 것이다.

사람에게는 생산적인 활동을 하고 싶은 욕망이 있다. 남들이 다 하는 일이 아닌 나만 할 수 있는 무언가를 하고 싶고, 거기서 성취감을 느끼고 싶어한다. 성취가 주는 희열은 무엇과도 바꿀 수 없을 만큼 짜릿한 것이다.

3

마흔셋의 여대생으로 살다

2002년, 집으로 날아온 한 통의 편지는 내 인생의 새로운 전환점이 되었다. 이화여대에서 결혼으로 학업을 중단했던 학생들에게 재입학을 허락한다는 통지였다.

결혼과 함께 학교를 그만두고 늘 '이화여자대학교 졸업'이 아닌 '이화여자대학교 수료'로 남았던 것이 아쉬웠던 나는 망설임 없이 재입학을 결심했다.

내가 다시 대학에 들어가겠다고 했을 때 어머니는 가슴에 얹혀 있던 무언가가 모두 내려가는 듯 기뻤다고 하신다. 큰딸이 어렵게 들어간 대학을 다 마치지 못했던 것이 어머니의 가슴에도 한으로 남아 있었던 모양이다. 나는 내 딸애 학번의 아이들과 졸업 동기가 되었다. 엄마와 딸이 같은 시기에 대학을 다니는 경험도 아무나 할 수 없는 것이니, 나에게 그런 특별한 4년이 허락된 것은 정말 큰 행운이었다.

학교로 돌아가다

나는 꿈을 향해 달리는 것을 좋아하고 성취하는 삶을 동경해왔다. 책 읽는 것도 좋아하고, 늘 뭐라도 하나 더 배우고 싶어 하는 아이였다. 그래서 결혼으로 중단했던 대학 공부는 늘 아쉬움으로 남아 있었다.

본래 이화여대에 금혼 학칙이 생긴 것은 여학생들의 학습권을 보장하기 위한 것이었다고 한다. 어느 집안이고 딸들이 대학 공부하기 어려웠던 시절에, 많은 여학생들이 나처럼 결혼에 떠밀려 학업을 포기하는 경우가 많았던 것이다.

1946년에 처음 이 학칙이 생겼는데, 당시에는 방학에 집으로 내려갔다가 다시 학교로 돌아오지 못하는 여대생들도 많았다고 하니, 우리나라 옛 여성들의 슬픈 역사가 그 안에 담겨 있는 것이다. 학교에서는 자기 학생들을 지키기 위한 궁여지책으로 결혼하면 더 이상 학교를 다닐 수 없다는 규칙을 만들어, 그것을 결혼을 미룰 수 있는 빌미로 삼도록 했다. 사람들은 이를 여성차별적인 학칙이라고 비난하기도 하지만 그것은 이런 배경을 모르고 하는 말이다.

그런데 세월이 흘러 조혼을 걱정하기보다는 만혼을 걱정해야 하는 사회로 바뀌면서 이 학칙은 구시대적인 것이 되었다. 어떤 여학생이 이를 국가인권위원회에 제소한 것을 계기로 이화여대는 2002년 이 학칙을 폐지했다. 그리고 이미 유부녀가 된 옛 학생들에게 재입학을 허락한다는 통지를 보냈다.

나에게는 꿈같은 일이었다. 재입학 허용 통지를 받은 날, 나는 날아갈 듯 기뻤다.

이대 3인방

학교에서는 2년 동안 네 번 재입학을 허가했고, 이때 19명의 유부녀가 학교로 돌아왔다. 그때 나를 비롯해 처음 재입학을 신청한 세 명의 늦깎이 여대생은 "이대 3인방", "70대에 이대를 졸업하다" 하며 언론에서도 떠들썩했다.

입학하고 다시 신입생이 되었을 때 중앙일보에서 우리 이대 3인방을 취재하러 왔다. 교정에 앉아 인터뷰하고 사진 촬영을 하는데 사람들의 주목을 받는 게 멋쩍기도 하고 재미있기도 했던 기억이 난다. 이대학보에서도 우리를 신문에 내고, 영문신문에 실려 해외에도 소개되었다.

딸 같은 아이들과 함께 캠퍼스 생활을 하며 수업을 듣는 기분이 꽤 좋았다. 다시 스무 살로 돌아간 기분이었다. 수업 시간에는 아이들과 함께 밥을 먹으며 이야기도 나누었다. 그 아이들은 사회생활을 하고 있는 나의 삶을 궁금해하고, 나는 요즘 아이들의 대학 생활이 신기했다. 우리 때는 도서관에 가서 책을 뒤졌는데, 지금 대학생들은 인터넷으로 자료를 찾고 워드 프로그램으로 리포트를 쓴다. 학교 앞에는 대학생들이 커피 한 잔 마시며 공부도 할 수 있는 카페가 수두룩하고, 모두 핸드폰을 들고 다니니 친구와 약속 장소를 잡고 기다릴 필요도 없다.

어른이 돼서 학교를 다니다 보니 강의 시간 한 시간, 한 시간이 아쉽고 교수님의 말씀을 한 단어도 놓치고 싶지 않았다. 제일 먼저 강의실로 달려가 앞자리에 앉아 열심히 강의를 듣곤 했다. 그때 지도해주신 교수님과는 지금도 친구처럼 연락을 하고 지낸다. 그분이 나를 '허 장군'이라고 부르는 교수님이시다.

여성들의 교육 기회가 많아졌으면

2006년, 드디어 졸업장을 받았다. 내 딸아이와 같은 학번인 02학번 동기들과 함께 졸업을 했다.

　이제 사회로 첫발을 내딛는 여학생들은 설렘보다는 두려움을 느끼고 있었다. 취업과 결혼 등 앞으로 해야 할 일이 막막하기만 할 내 어린 동기들, 그 아이들의 심정을 느낄 수 있었다. 이제 각자의 길을 걸어갈 딸 같은 아이들의 미래를 힘껏 응원해주고 싶었다.

　졸업 후에는 KBS에서 취재 섭외가 들어와 이상벽 씨가 진행하는 〈아침마당〉 프로에 출연하기도 했다. 늦은 나이에 다시 대학생이 된 유부녀들이 세상에서는 마냥 신기한 모양이었다.

　우리 같은 케이스가 아니더라도, 나이 들어 다시 공부하고 싶어하는 여성들은 많다. 대학들이 그런 여성들에게 교육과정을 많이 만들어줘야 할 텐데, 현실은 그렇지 못해 안타깝다. 특별한 경력이 없으면 여성들이 나이 들어 대학 교육을 받기는 쉽지 않다. 요즘 아이들과 수능 경쟁을 할 수도 없고, 대학들도 평생교육에는 그리 관심이 없다.

　대학에서 개설하는 최고위 과정을 밟으려면 한 학기 천만 원 이상의 수업료를 감당해야 한다. 대기업 임직원이나 고위 공무원은 기관의 지원으로 수업료를 내지 않고, 일반인은 과중한 수업료를 감당해야 하는 불합리한 일이 벌어지고 있는 게 지금 대학 평생교육의 현실이다. 그러니 순수하게 지식 쌓기에 목말라 있는 보통 사람들은 쳐다보기조차 힘들다. 돈 있는 기업인이나 고위 공무원들이 명예를 얻거나 인맥을 쌓으려고 밟은 과정이 되어버렸다.

성인들, 특히 여성들에게 대학의 문이 활짝 열릴 날은 언제나 올까? 많은 여성들이 순수한 배움의 열망을 채울 수 있는 장이 빨리 열렸으면 좋겠다. 나는 여성 만학도들이 누구보다 더 큰 열정으로 배움에 임한다는 걸 알고 있다. 그리고 그 열정은 이 사회에 큰 쓰임이 있다고 믿는다.

금혼학칙 폐지로 돌아온 이대생 3인방

그들의 얼굴은 활기로 반짝였다. 원서를 옆구리에 끼고 강의실로 향하는 발걸음 또한 날아갈 듯 경쾌했다. 돌아온 만학도 정옥희(72. 국어국문과), 최은선(51. 도예과), 허순이(43. 체육학과)씨. 이화여대의 금혼(禁婚) 학칙이 폐지된 뒤 처음으로 재입학한 '여대생'들이다.

정씨 등이 기자를 만난 것은 지난 달 30일. 캠퍼스를 다시 밟은 지 얼추 한 달이 흘렀건만 그들은 재입학 당시의 기쁨, 설렘, 흥분을 감추지 못했다. 30년 만에 다시 대학생이 됐다는 최씨가 "마치 2백억 원짜리 로또복권에 당첨된 기분"이라고 말하자 허씨는 "재입학이 허용됐다는 통지를 받는 순간 가슴이 쿵쿵 뛰었다"며 동감임을 표현한다.

제법 큰 규모의 인테리어업체 사장인 허씨는 "21년 만에 모교로 돌아오니 공부 욕심에 강의실 제일 앞자리에 앉는다"며 열의를 감추지 않았다.

가정형편 탓 일찍 결혼

재입학생 중 왕언니뻘인 정씨는 미국 남가주에 거주하다 49년 만에 졸업장을 받기 위해 서울로 날아온 유학생. 그는 "등록금과 비행기 값이 아깝지 않을 만큼 만학의 기쁨이 크다"고 말했다. 현재 학교 기숙사에 머물고 있는 정씨는 "손자녀 같은 '동급생'과 나란히 앉아 공부하다 보면 나도 20대가 된 것 같다"며 활짝 웃었다. 이들이 자랑스러운 졸업장을 포기해야 했던 데는 공통적으로 경제적 어려움과 딸의 애환이 숨어 있었다.

한국전쟁 중이던 1951년 부산의 판자촌 캠퍼스에서 대학생이 됐던 정씨는 피란살이의 어려움 때문에 한 학기를 쉬어야 했다. 아르바이트 등으로 어렵게 공부를 계속했지만 동기들과 함께 졸업장을 받을 수 없었다. 곧 이어진 결혼으로 그는 평생 이력서에 '이화여대 수료'라는 아픈 기억을 적어야 했다.

최씨와 허씨도 비슷한 경우다. 이들은 줄줄이 딸린 네 명의 동생 때문에 2학년 1학기를 마치고 휴학해야 했고 결혼과 함께 공부의 꿈을 접어야 했다.

최씨는 "어느 대학을 나왔느냐고 물으면 '이화여대를 다녔다'고 얼버무릴 때마다 마음이 아팠다"고 말했다. 허씨는 자신의 재입학 소식을 들은 친정어머니가 "가슴에 박힌 못이 한 순간 사라진 것 같다"고 말했다며 눈시울을 붉히기도 했다.

가족들 성원이 큰 힘

때문에 이들의 가족이 보내는 후원은 대단했다. 최씨는 "'라이언 일병 구하기'가 아닌 '은선이 대학 보내기'에 조카들까지 나섰다"며 미국에 거주하는 조카가 보낸 영어로 된 예술서적을 자랑했다.

정씨는 "세 딸은 물론 사위들까지 든든한 후원자가 됐다"고 했다. 허씨는 "남편이 '젊은 여대생과 사는 기분이 꽤 좋다'고 은근히 좋아하며 밥상을 차려줄 때도 있다"며 남편의 뒷바라지를 과시(?)했다.

하지만 20~50년 만에 다시 시작한 공부가 호락호락할 리는 만무했다. 희곡 쓰기와 읽기 등 세 과목을 수강하는 정씨는 "한국 드라마가 예문으로 자주 등장하는 바람에 무슨 내용인지 이해하지 못할 때가 많다"고 토로했다. 처음엔 리포트의 내용을 잘못 이해해 엉뚱한 숙제를 하고선 얼굴이 빨개지기도 했다. 그러나 앞자리의 친절한 '동급생'이 수업 중에 수시로 돌아보며 '과외수업'을 해주는 덕에 요즘엔 곧잘 따라잡는다고. 정씨는 "공부가 어려울 때면 굳이 학점을 따지 말고 수강생으로 지낼까 하다가도 강의를 듣다 보면 꼭 A학점을 받아야지 하는 마음이 생긴다"며 의욕을 보였다.

최씨도 "리포트를 쓸 때마다 반드시 동급생에게 전화해 내용을 확인한다"며 "수업시간 외에도 혼자 작업실에서 연습한다"고 말했다.

엉뚱한 리포트 쓰기도

'늦깎이 대학생'에게 얽힌 에피소드도 많다. 최씨는 "첫 수업시간에 학생들이 나를 교수로 오인하기도 하고 교수가 '은선이…'라고 출석을 불렀다가 뒤늦게 당황해하기도 했다"며 웃었다. 그는 같은 과 학생들이 "엄마와 동갑인 '언니'가 너무 멋있어요"라는 문자 메시지를 보내오고 학교 앞에서 함께 점심을 먹기도 한다며 젊음을 자랑했다.

"시간의 잔고는 누구도 모른다고 했습니다. 열심히 공부해 반드시 졸업장을 받을 겁니다."

세 사람의 활기찬 목소리에서 열정이 묻어났다.

이화여대의 금혼학칙 폐지로 재입학한 '여대생' 허순이, 정옥희, 최은선씨(왼쪽부터). 다시 시작한 학창생활이 활력을 솟게 한다며 활짝 웃었다.   중앙일보 2003년 10월 6일

Hur Soon-e siting in front of the statue of the founder of Ewha University, Mary Scranton.   JoongAng Daily 2003년 9월 27일

4

영향력 있는 삶에 도전

회사의 후배 하나가 2년 전부터 커피 한잔 하고 싶다며 따라다녔다. 나는 후배들에게 잔소리를 하지 않는 편이다. 그저 잘했다고 칭찬해준다. 오늘 드디어 후배와 커피를 마시며 다니엘 핑크의 책을 한 권 주었다.

그는 "인생에 기름칠이 돼서 갑니다" 하고 90도 인사를 하고 떠났다. 나는 잘했다고 칭찬해준 것밖에 없는데 사람들은 고맙다고 말한다. 그런 걸 보면 훌륭한 멘토란 어떤 가르침을 주거나 하는 사람이 아니구나 하는 생각이 든다. 그저 상대의 삶을 지지하고 응원하며 기다려주는 것, 그것이 상대를 변화시키는 힘이다.

타인의 삶에 개입하기

사실 나는 사람들의 삶에 개입하는 것을 좋아한다. 이건 아마도 많이병인 것 같다. 도와주고 보살펴주고, 그렇게 해서 변화해가는 것을 보는 게 뿌듯하다.

어려서부터 사람들에게 영향력 있는 사람이 되고 싶었고, 더 많은 사람을 돕고 싶었다. 그래서 나는 사람들을 살피고, 말하기 전에 상대에게 필요한 것을 캐치하여 도와주는 것을 지금도 좋아한다. 고객들이 도움을 원할 때는 한걸음에 달려가 원하는 것을 척 내놓고 싶어한다. 그게 나는 신나고 재미있다.

그런데 살면서 타인을 무작정 돕는 것이 다가 아니라는 것도 깨달았다. 동생들을 너무 살펴주었더니 오히려 독립적으로 살아갈 수 있는 능력을 해치는 것 같았다. 그래서 아이들 키울 때는 자립적으로 클 수 있도록 최대한 참견을 하지 않으려고 노력했다.

그러나 타인이 원하는 것을 이루어주고픈 이 고질병은 쉽게 고쳐지지 않았다. 동생 넷을 돌보고 아이 셋을 키웠는데, 막내 아이 키울 때쯤에야 거리를 두고 지켜보는 방법을 조금은 터득한 것 같다. 막내딸은 지금 미국에서 혼자 공부하고 있는데, 이 아이를 볼 때마다 참 대견하다. 누구보다 독립적으로 씩씩하게 잘 커가고 있다.

사람들에게 도움을 주는 방법은 좀 달라졌지만, 타인을 도와주고 싶은 마음은 지금도 변함이 없다. 더 많은 사람에게 꿈을 이루도록 도와주고 싶다. 멘토가 되어주길 원하는 사람에게는 멘토가 되고 싶다. 강의와 책을 통해 내가 모르는 사람들에게도 힘을 주고 싶다.

강단에 서며

나는 가끔 대학에 강의를 간다. 국민대학교와 호서대학에서 대학원생들에게 리더십 강의를 했고, 모교인 이대에 가서 '사회에서의 여성과 직업, 어머니로서의 역할'에 대해 강의를 하기도 했다.

나는 일방적으로 가르치는 강의를 좋아하지 않는다. 강의에서 서로의 커뮤니케이션을 중시한다. 일방적으로 이야기를 들은 2시간은 쉽게 잊어버릴 수 있지만 서로의 생각을 함께 나눈 2시간은 사람을 변화시킬 수 있다고 생각하기 때문이다.

나는 20권의 책을 들고 강의실로 들어갔다. 그리고 책값에 해당하는 만 원짜리 신권 스무 장을 그 옆에 놓고 말했다.

"이 중에 하나를 선택해서 가져가세요. 여러분이 무엇을 선택하든 상관없어요."

어떤 학생들은 책을 집어 들고, 어떤 학생들은 장난스럽게 웃으며 돈을 선택했다.

무엇을 선택하느냐는 중요하지 않다. 다만 책과 돈 중에 무언가를 선택해본 경험이 중요한 것이다. 그를 통해 생각의 기회를 얻는 것이 중요했다.

책을 선택한 학생들은 책꽂이에 꽂혀 있는 그 책을 볼 때마다 그날의 강의를 기억할 것이다. 그리고 책을 들춰 보며 그 안에서 소중한 한 줄을 발견할 수도 있다. 그러면서 책을 선택한 것을 다행스럽게 느낄지도 모른다.

돈을 선택한 학생들은 그 돈을 금방 써버리고 강의의 기억도 사라졌을까? 그렇지는 않을 것이다. 말보다 경험은 오래도록 기억에 남는 법이다. 그때 내가 했던 말 중에 어떤 말이 그 학생의 마음에 남아 조금이라도 도움이 되었다면 그걸로 된 것이다. 언젠가는 내 모교인 천안여중과 천안여고에 가서 아이들을 만나보고도 싶다. 자라나는 아이들에게 더 큰 꿈을 꾸라고 말해주고 싶다.

드림 빌더로 살고 싶다

많은 고객들을 상대하는 지금의 일은 나의 꿈을 이루어

줄 최상의 길이라고 생각한다. 내 꿈 목록의 하나였던 '동기부여가'가 되기 위한 과정이다.

나는 고객들을 상담하며 보다 나은 삶을 위한 동기를 심어주는 것을 빠뜨리지 않는다. 오늘 내가 만나는 한 사람, 한 사람에게 나의 긍정적인 힘을 나눠주려 한다.

나는 요트를 사는 꿈 같은 것은 없다. 나는 지금도 충분히 행복하다. 그저 드림 빌더로 살아가고 싶다. 좀 더 많은 사람에게 영향력을 주고 싶고, 보람 있는 일을 하고 싶다. 나에게 보람은 타인을 돕는 것, 내가 아는 것을 가르쳐주고 희망을 전해주는 것. 이것이 지금 내가 가진 소망이다.

5

노후 상상

좀 더 나이 들어 있는 내 모습을 그려본다. 나는 어떤 모습으로 살고 있을까? 지금보다 더 영향력 있는 사람이 되어 있을까? 사람은 자기가 그리는 모습대로 산다고 한다. 어릴 때 꿈꾸던 모습처럼 지금을 살고, 지금 꿈꾸는 모습대로 미래를 살아간다. 시간이 걸릴지도 모르지만 언젠가는 자신의 꿈을 이루게 되어 있다.

당신이 그리는 당신의 모습은 어떠한가? 간절히 원하고 노력하면 온 우주가 당신을 도울 것이다. 그러니 꿈꾸는 것을 두려워하지 말자. 꿈이 모든 것의 시작이니까.

우리 인생의 리듬이 달라졌다

"인생은 육십부터다"라는 말은 결코 60대를 위로하기 위한 말이 아니다. 나는 이 말을 이렇게 해석한다.

"육십부터의 인생은 스스로 만들어가야 한다."

우리 인생을 죽 되돌아보자. 태어나고 자라 학교에 들어가고, 졸업한 후 직업을 갖고 나면 금방 결혼을 한다. 결혼 전까지는 부모의 보호 아래 교육을 받고 자신의 능력을 키우는 데 바빴다면, 결혼하고부터는 거꾸로 돈 벌어 자녀를 먹이고 입히고 교육시키는 부모로서의 삶을 살기에 바쁘다. 대학 보낼 때까지 부모들은 허리가 휜다. 돈 벌어 가정을 지키기 급급하다.

그런데 아이들이 점점 독립할 준비를 하고 시집장가까지 보내고 나면, 나는 일단 부모로서의 역할은 끝났다고 본다. 그때부터는 다시 자신의 인생을 살아야 한다. 그래서 인생은 육십부터라는 것이다.

남자고 여자고 그 즈음에는 전처럼 바쁘지 않다. 퇴직하거나 아이들 내보내고 나면 갑자기 너무 많은 시간이 주어진다. 그 시간을 어떻게 보내느냐에 따라 행복한 노후가 될 수도 있고 인생에서 가장 비참한 때를 보내게 될 수도 있다.

경제적인 노후준비를 다 해놓았다 해도 정신적인 준비를 해놓지 않으면 만족스러운 노후를 보내기 어렵다. 노후는 인생의

3분의 1이나 되는 긴 시간이다.

　평균수명이 늘어난 현대에는 인간의 삶의 리듬도 예전과는 달라졌다. 이런 변화는 과학적으로도 증명된 것이다. 실제로 현대인은 옛날 사람들보다 성장이 느리다고 한다. 미시건 대학교의 홀리 스미스 박사는 약 200만 년 전 원시인의 성장 속도는 지금보다 두 배는 빨라 원숭이의 성장 패턴과 거의 비슷했다고 주장했다. 그에 따르면 원시인들은 12세에 청년이 되고 30세에는 이미 노인이 되었다고 한다.

　원시시대까지 날아가지 않더라도, 불과 100년 전 우리의 증조할머니 세대만 해도 십대에 이미 결혼하여 아이를 낳고 삼십 대에 벌써 할머니가 되었다. 열여덟에 첫애를 낳고 그애가 스무 살에 결혼한다면, 서른여덟에 할머니 소리를 듣는 것이다. 오래 사는 사람들도 있었지만 40~50대가 평균수명이었다. 그게 불과 100년 전 이야기다. 그런데 지금은 어떤가? 많은 이들이 서른은 되어야 결혼을 한다. 아이들 시집장가 보내면 육십이다. 그리고 천수를 누린다면 구십까지 살 것이다. 그러니 노후가 인생의 3분의 1이 된다.

인생의 3분의 1을 어떻게 보낼 것인가

나는 인생을 삼등분하여 보는 것이 이해하기 편하다고 여긴다. 처음 30년은 누군가의 자식으로 살며 자라나고 교육받는 시기, 다음 30년은 누군가의 부모로 살며 열심히 일해 아이들을 키워내는 시기, 그리고 나머지 30년은 오롯이 자기 자신으로 살아가는 시기라고.

어찌 보면 이 마지막 30년이 순수한 자신으로 살아갈 수 있는 축복 같은 시간인지도 모른다. 만약 인간의 생각과 사상이 가장 고양될 수 있는 시기가 있다면, 나는 이 마지막 3분의 1의 인생이라고 생각한다. 여자, 남자로서의 삶을 벗어나 한 인간으로 살아가는 시기이기 때문이다.

만약 건강이 받쳐준다면, 또 경제적인 준비가 되어 있다면, 어떤 이들은 이 30년의 시간 동안 위대한 철학자가 될지도 모른다. 예술가가 되어 인류사에 길이 남을 위대한 작품을 남길 수도 있다. 30년 동안 자식을 키운 연륜으로 누구보다 뛰어난 교육자가 될 수도 있다. 위대한 과학자가 탄생할지도 모른다.

나이가 들면 암기력과 순발력은 떨어지지만 풍부한 인생 경험에 의해 이해력은 더 향상된다는 연구 결과도 있다. 이해력과 통찰력은 학문 연구에 꼭 필요한 능력이다. 그러니 이런 풍부한 가능성을 지닌 시기를 인생의 내리막길로 여기는 것은 잘

못된 생각이다.

　나는 내 인생의 후반부를 가슴 뛰게 보낼 준비를 하는 중이다. 그 준비에는 건강관리, 재정관리, 마음관리까지 모두 포함된다. 인생을 멀리 보고 스스로 계획을 세워놓지 않으면 그 기회의 시간을 그냥 흘려보낼지도 모르니까 말이다.

노후는
가능성의 시간

　노후에는 인생에 대한 만족도가 많이 떨어질 거라 생각하지만 실제로는 그렇지 않다.

　시카고 대학교 톰 스미스 교수팀은 '나이별 행복도 측정'에서 65세 이후에 더 높은 점수가 나왔다고 보고했다. 그리고 이외로 이십대가 가장 행복도가 떨어졌다.

　미국 갤럽에서 18세부터 85세까지의 남녀 34만 명에게 "당신은 어제 행복, 기쁨, 스트레스, 근심걱정, 분노, 슬픔 중 어떤 감정을 느꼈는가?"라는 질문을 던졌다. 이 조사에서 '스트레스'와 '분노'를 가장 많이 느끼는 나이는 22세였다. 그리고 나이가 많아질수록 점차 감소했고, '근심걱정'은 50세부터 현저하게 줄어들었다.

'행복'에 대해서는 어떤 결과가 나왔을까? 50세를 기점으로 높아져 85세 응답자에 이르기까지 꾸준히 상승했다.

인생을 멀리 보는 통찰력과 인간관계에 대한 유연성 등 심리적인 변화와 더불어 호르몬 같은 생리적인 변화도 행복도를 높이는 데 기여한다고 한다. 부담과 스트레스에서 벗어나면서 더 행복하고 만족스러운 삶을 살 수 있게 된다는 것이다.

노후 행복의 조건은?

그러나 노후 행복에 결정적인 조건은 건강과 경제다.

사회적으로 노후 보장이 이루어지지 않는 우리나라의 조사 결과는 미국과 판이하게 다르다. 작년에 현대경제연구원이 내놓은 연구 결과를 보면, 20대의 경제적 행복도가 45.9%로 가장 높았고 50대는 36.4점, 60대 이상은 35.7점으로 나이가 많을수록 떨어졌다. 사회적으로도 개인적으로도 노후준비를 하기 어려운 우리나라에서는 나이 들어 행복해지기가 쉽지 않은 것이다.

주위 사람들을 보아도 나이 들어 재정관리에 실패한 사례들이 많다. 재정관리 정보는 넘치지만 현실화하는 것은 본인의 몫이고, 노후를 준비할 경제적 여유를 갖고 살아가는 사람들도 많지 않아서다. 허리띠를 졸라매 어렵게 준비해놓는다 해도 가족 중 누가 덜컥 아프기라도 하면 한순간에 무너져버린다.

현재 우리나라에서 재난적 의료비로 인해 가정 경제가 무너진 가정이 열 가구 중 하나라고 한다. OECD 국가 중 1위다. 이는 건강보험공단에서 직접 발표한 수치다. 재난적 의료비란 가구의 가처분 소득 중 의료비 지출이 차지하는 비중이 40퍼센트를 초과한 경우를 말한다. 노후준비는커녕 당장의 치료조차 포기할 수밖에 없는 상황인 것이다.

나는 지금 사람들의 보장자산 관리를 컨설팅해주고 있는데, 수입이 있을 때 자신의 몸값을 자산으로 만들어놓는 것이다. 이렇게 하면 유사시에도 안정적인 생활을 유지할 수 있다. 행복의 최소한의 조건을 갖추어놓고 미래를 대비하는 것이 지금 우리가 할 수 있는 최선이다.

그러나 보장자산을 만들 만큼의 여유가 없다면?

가진 것이 없을 때는 아는 것이라도 많아야 한다. 나는 재산 못지않게 꾸준한 공부도 미래를 위한 대비책이라고 생각한다. 그래서 뚜렷한 경제관념을 갖고 노후를 준비하라고 말한다.

죽을 때까지 일할 수 있는 직업을 갖는 것도 한 가지 방법이다. 노년에 일할 수 있도록 건강을 지키는 것도 노후준비다.

남편과 아이는 보험이 아니다

젊은 여성들은 남편과 아이들을 보험으로 생각하는 경향이 있는 것 같다. 이런 말이 어떤 반발을 불러올지 알고 있지만, 아직 항의하기는 이르다. 잠깐 내 말을 들어보기 바란다.

'품 안의 자식'이라는 말이 있다. 한창 아이를 키울 때는 아이들이 자신의 분신같이 사랑스럽고, 이 아이들만은 절대로 내 곁을 떠나지 않을 것만 같다.

"남편은 남이야. 남편이란 '남의 편'이라는 말도 있잖아? 하지만 아이들은 영원히 내 편일 거야."

이런 생각들을 한다는 것이다.

그러나 경제적인 것을 떠나, 내가 늙고 외로워졌을 때 아이들이 내 곁에 있을 거라고 생각하는가? 그러면 이 많은 독거노인들은 남들보다 아이들을 소홀하게 키워서 독거노인이 되었을까?

나이가 좀 더 들고 아이들을 떠나보낼 때쯤 되면 알게 된다. 아이들에게 경제적으로나 정신적으로 의존하는 것이 얼마나 덧없는 것인지를. 아이들은 대개 저 살기 바빠 내 옆에서 다정한 말벗조차 되어주지 못한다. 캥거루족이나 되지 않으면 다행이다. 이십대 취업률이 점점 줄어들고 오십대 이상의 취업률은 꾸준히 상승하고 있는 통계수치가 우리의 미래를 말해주고 있다. 그러니 아이들에게 아무것도 기대하지 말라. 아이들을 다 키운 후에도 아이들이 거꾸로 나를 보살필 일은 없을 테니 말이다.

이렇게 되면 "그래, 결국 남는 건 부부야. 부부가 서로 의지하며 살아야지"라고 생각할 수도 있다. 그러나 부부는 언제 남이 될지 모르는 사이다. 또 누군가 아파 먼저 떠날 수도 있다. 그래서 결국 남편도 믿고 있어서는 안 된다는 것이다.

이젠, 스스로 준비하라고 말하고 싶다

물론 남편과 아이들은 당신의 인생을 풍부하게 만들어줄 것이다. 없는 것보다는 있는 게 백번 낫다. 그러나 보험은 아니라는 것, 결국 당신의 미래는 당신이 책임져야 한다는 말을 하고 싶은 것이다.

경제적으로도 준비해야 하고, 노후에 홀로 행복할 수 있는 일이나 취미도 찾아야 한다. 그러지 않으면 가족들을 귀찮게 하는 천덕꾸러기가 되어버린다.

아이들이나 남편이 당신을 의무로만 대하게 되는 쓸쓸한 상황을 만들지 말고, 그들이 당신 옆에 있고 싶도록 지금부터 준비해야 한다. 부모가 짐이 되면 자식들은 도망치고 싶어진다.

그 현실을 외면하지 말기 바란다.

  그러나 지금 철저하게 미래를 준비해놓으면, 노후는 인생의 그 어느 시기보다 행복한 시기가 될 수 있다. 남편과 한가롭게 여행을 다닐 수도 있고 함께 취미생활을 즐길 수도 있다. 아이들이 자립하여 열심히 제몫을 하며 살아가는 걸 보는 기쁨도 쏠쏠할 것이다. 다 컸다고 부모에게 용돈을 쥐어주는 아이들이 대견할 것이다.

  아이들 공부 다 시키고 시집장가 보내고 나면 경제적으로도 훨씬 여유로운 생활을 할 수 있다. 요즘 백화점이나 여행사, 그리고 기업들이 실버 마케팅에 열을 올린다는 걸 알고 있는가? 이들이 미래 사회의 새로운 소비자 층으로 급부상하고 있기 때문이다. 여기서 소외되는 여러분이 되지 않길 바란다.

허순이식
노후준비 노하우는?

1. 마음 준비

나는 가장 중요한 게 바로 이것, 마음 준비라고 생각한다. 그 어떤 것도 마음 준비 없이 저절로 이루어지지 않기 때문이다. 그냥 열심히 살다 보면 재정관리, 건강관리 다 될 것이란 착각은 금물이다. '나도 늙는다', '나도 아플 수 있다'는 걸 결코 잊어선 안 된다. 늙은 후 어떻게 살 것인지 적극적으로 계획을 짜놓아야 한다.

2. 건강 준비

건강은 건강할 때 챙겨야 한다. 이는 모두가 아는 상식. 나는 여기에 보태 나만의 원칙을 세워놓고 있다.

"다이어트는 할 수 있을 때 해야 한다! 더 나이 들면 힘 없어서 다이어트도 못 한다."

"좋은 건 지금 먹어야 한다! 오늘의 한 끼는 다시 돌아오지 않는다. 가능하면 좋은 음식으로!"

"운동은 지금 해야 한다! 하루라도 젊을 때!"

"보험은 지금 들어놔야 한다. 아직 아프지 않을 때!"

3. 재정 준비

지금 아직 수입이 있을 때 자신의 가치를 자산으로 만들어 둬야 한다. 나의 능력이 최대치일 때 저축, 연금, 보험, 부동산 등 가능한 모든 수단을 동원해 자산으로 남겨놓아야 한다. 거기에 미래를 위한 공부까지 나는 재정 준비에 포함시킨다. 아는 것이 많아야 살아남을 수 있다.

4. 관계 준비

훗날 어떤 이들과 관계를 맺고 살아갈지를 구체적으로 결정해야 한다. 막연하게 자식과 함께 살고 싶다거나, 손주들을 키우며 살겠다는 생각은 하지 말자. 아이들 인생은 아이들에게 맡기고, 노후에 함께 보낼 친구들을 많이 만들어두는 것이 필요하다.

6

여자로 사는 것이, 참 좋다

다시 태어날 수 있다면 당신은 무엇으로 태어나고 싶은가?
나무로 태어날 텐가?
한 군데 꼼짝없이 서 있어야 하는데 답답하지 않을까?
꽃으로 태어날 텐가?
누군가에게 꺾여버리는 운명이 슬프지 않은가?
나는 사람으로 태어나서 좋다. 내 두 발로 어디든 걸어가고, 생각하고 말하고 느끼는 모든 것이 행복하다.
그리고 다시 태어나도 여자로 태어나고 싶다. 여자로 태어났기 때문에 공부도 일도 제약이 많았지만, 그것을 이겨내며 하나하나 성취해낸 기쁨이 크기 때문이다. 여자로 태어났기 때문에 사랑하는 아이들을 낳아 엄마가 될 수 있었기 때문이다.

　여자로 산다는 것을 힘겨워하기보다는 스스로를 긍정하기 바란다. 여자로 사는 것, 그리 나쁘지 않다. 여자는 행복할 수 있는 일이 남자들보다 더 많으니까 말이다.

꿈과 목표가 중요

　내 열 살 때 꿈은 오십까지 내 사업을 하는 것이었다. 그 꿈대로 사업을 했다. 그리고 사람들의 미래를 돕는 동기부여가가 되고 싶었다. 아이들, 동생들, 주위 사람들에게 영향력을 주었으니 그것도 이루었다.

　그 후에는 책을 써서 나의 경험을 더 많은 사람들과 나누고 싶었다. 지금 그 꿈을 이루고 있는 중이다. 나는 칠십, 팔십이 되어도 지금 내가 하고 있는 일을 하고 싶다. 그 꿈을 향해서도 지금 달리고 있다.

　살면서 목표가 있어야 하고 하는 일이 있어야 한다. 꿈만 꾸는 것도 다가 아니다. 그것이 실행 가능한 꿈이어야 한다. 나는 인생에 대한 구체적인 계획 없이는 하루도 살 수 없었다. 인생의 계획이 없었다면 지금 내 인생은 너무나 지루한 하루하루가 되었을 것이다.

비즈니스에서도 마찬가지였다. 지금 회사에 들어갈 때도 나는 내 분야와 목표를 정확하게 세웠다.

'CEO를 대상으로 하는 보장자산 전문가가 되겠다.'

'사내에서는 후배들의 멘토 역할을 하겠다.'

그렇게 목표를 정하고 일을 하니 하루하루가 보람이 있고 공부가 된다. 인생을 설계하고, 목표를 향해 나아가는 삶을 살아야 한다.

[보다 나은 삶을 위한 tip]

"지금 당장 인생을 설계하라!"

살면서 목표를 갖지 않는 것은 무덤 속에서 살고 있는 것과 같다. 5년 후, 10년 후 자신의 모습을 구체적으로 그려야 한다.

먼저 재정 설계부터 하라.

앞으로 어떻게 벌어서 어떻게 살지 계획이 잡혀 있지 않다면 당신의 인생은 지금 위기에 빠져 있는 것이다. 어디로 가고 있는지, 어디로 가고 싶은지 지금 당장 확인해야 한다. 그러지 않으면 당신이 가고 있는 길이 낭떠러지로 향하는 막다른 길일 수도 있다.

> **어떤 일을 하며 살 것인지 구체적인 꿈을 가져라.**
>
> 먹고 사는 것에 대한 계획을 세웠다면 그다음엔 당신이 할 일을 찾아야 한다. 죽을 때까지 할 일, 하고 싶은 일을 찾아라. 그것이 돈이 생기는 일이라면 더더욱 좋고, 그렇지 않다면 집중할 수 있는 취미라도 있어야 한다.

좋아하는 일 찾기

목적 있는 삶을 살면 거기에 대가를 낸다 해도 반갑다. 수업료라도 낼 수 있다. 그러나 아무리 큰돈을 준대도 내가 원하지 않는 것은 필요 없다. 원하는 삶을 살 때에야 비로소 행복하다는 말을 할 수 있다. 누가 나에게 십억을 준다 해도 그로 인해 내 삶이 종속된다면 그것은 불행이다. 단돈 백만 원을 벌어도 내가 편하고 좋아야 한다.

좋아하는 일을 찾으면 그것만으로도 의욕이 넘치고 활기차진다. 그런 사람은 건강하고 생기가 돈다. 지금 거울을 한번 보기 바란다. 거울 속의 당신은 어떻게 보이는가? 생생하게 살아 있는가?

자신이 추구하는 바가 무엇인지 확실히 해야 한다. 목표를 찾을 수 없으면 일부러라도 만들어야 한다. 당장 시작할 수 있는 것부터 차근차근 더 큰 목표를 향해 가야 한다. 그러다 보면 자기도 모르는 새 달라진 자신과 만날 수 있다. 활력이 넘치는 당신에게 더 많은 사람들이 다가올 것이다. 새로운 일을 할 수 있는 기회도 주어질 것이다.

[보다 나은 삶을 위한 tip]

"지금 나를 행복하게 하는 일이 무엇인지를 찾아라!"

당신은 무엇을 해야 행복한가? 무엇을 해야 행복한지 모르겠다는 것은 자기 자신에 대해 잘 모른다는 것이다.

자기 자신을 잘 아는 사람이 행복하다.

몇 십 년을 살면서도 스스로를 파악하지 못했다면 당신은 불쌍한 사람이다. 이제라도 자기 자신을 돌아보고 가장 좋아하는 일을 찾아라. 그것이 행복으로 가는 지름길이다.

멋있게 살기

사람은 돈이 많아서 행복한 것이 아니다. 백만장자는 하나도 부럽지 않다. 일단 사람은 멋있어야 한다. 멋이 풍겨 나오는 사람은 그 사람만의 향기를 지닌다. 그래서 목적 있는 삶과 함께 여러분에게 권해주고 싶은 것이 약간의 착각 속에 사는 것이다. 나는 골프장에서는 나 자신을 미셸 위보다 멋진 프로 골퍼라고 생각하고, 거리를 걸을 땐 내가 가장 멋있는 사람이라고 생각한다. 그걸 누가 알아줄 필요도 없다. 여성들은 그런 도도함을 갖고 사는 게 좋다.

남들이 뭐래도 허리를 곧게 펴고 모델처럼 걷는 것이다. 그리고 누구보다 예쁜 미소를 짓고 다니는 그런 여성이 멋지다. 주눅 든 것만큼 여성을 초라하게 만드는 것은 없다.

직장에 나가든, 집을 직장으로 삼든, 아침에 일어나면 내가 가진 가장 좋은 옷을 차려입길 바란다. 그리고 오늘이 가장 멋진 날이라고 생각하라. 그러다 보면 가장 멋진 하루가 여러분을 기다리고 있을 것이다.

[보다 나은 삶을 위한 tip]

"스스로가 초라하게 느껴질 때는 행복의 주문을 외우자."

다음과 같은 긍정의 주문이면 충분하다.

- 내가 세상에서 가장 멋진 사람이다.
- 내 인생에서 오늘이 가장 멋진 날이다.
- 지금 내 앞에 있는 사람이 가장 특별한 사람이다.

나는 이것을 '가장 멋진'의 마법이라고 말한다. 내가 만나는 모든 순간순간을 특별한 것으로 만들어주는 이 마법의 주문이 여러분의 인생에도 화끈하게 통하기를…….

허순이의 SBS

자기만의 원칙을 세우고 사는 것은 결정적인 순간 큰 도움이 된다. 나는 나만의 인생관을 가지고 있다. 바로 다음의 세 가지이다. 나는 이것을 '허순이의 SBS 원칙'이라고 부른다.

*Small is beautiful.

작은 것이 아름답다다. 살면서 작은 디테일을 놓치지 말자. 그 안에서 행복을 찾을 수 있어야 더 큰 꿈도 이룰 수 있다.

*Back to the basic.

기본으로 돌아가자. 아무리 중요한 일이 있어도 모임은 제 시간에, 출근은 반드시 늦지 않게, 기본을 지키려고 노력한다.

*Simple is the best.

심플한 게 가장 좋은 것, 심플하게 살자. 타인과 부딪칠 일이 있으면 싸우지 않고 그냥 손해보고 말자. "당신이 원하는 대로 하세요." 그럼 만사 오케이다.

05장

엇갈림

여자라서 실수했던
'순진한' 착각,
남자라서 당당했던
'대단한' 오해

1

소통 궁합은 없었다

지금 우리 사회의 키워드로 등장한 말이 있다. 바로 '소통'과 '불통'이다.

이는 현재 사회적으로도 큰 관심이지만, 가정에서의 소통 문제는 어제오늘의 일도 아니다. 한 통계 결과에 따르면 대화가 잘 안 되는 부부는 15년 안에 이혼할 확률이 94%나 된다고 한다.

남자든, 여자든, 사회적으로 성공한 사람이든 아니든 누구나 타인과 소통을 원한다. 소통은 인간의 삶에서 기본적인 욕구이기 때문이다. 사람은 혼자서는 살 수 없는 존재이며 주위 사람들과 관계를 맺으며 살아간다. 그 관계 중 어떤 것은 느슨하기도 하고, 어떤 것은 매우 긴밀하게 맺어져 있기도 하다. 그런

각각의 관계, 관계마다 적절한 소통이 이루어질 때 사람은 에너지를 얻고 활기찬 생활을 할 수 있다.

그런데 기혼 여성들이 가장 소통이 되지 않는다고 느끼는 사람이 누구이겠는가? 아니, 소통하기를 간절하게 원하는 사람, 소통해야 하는 사람이 누구일까? 바로 남편일 것이다. 사업적으로 만나는 사람, 친구들, 여러 관계가 있지만 여성들이 가장 밀접하고 친밀한 관계를 형성하는 사람은 남편이다. 그런 남편들과 대화가 되지 않으면 여성들은 답답함을 느낀다.

소통 부재는 정서적 이혼 상태다

그런데 우리나라 부부들의 하루 평균 대화 시간을 들어보면 이것이 아주 심각한 사회 문제임을 알 수 있다. 최근 인구보건복지협회에서 우리나라 저출산 문제에 대한 설문조사의 하나로 전국 기혼 남녀 천 명에게 하루 평균 부부 대화 시간을 물었다. 이는 부부의 대화가 출산율과도 연관된다는 말이 아닌가. 조사 결과 부부 세 쌍 가운데 한 쌍이 하루에 30분도 채 대화를 나누지 않는 것으로 나타났다.

8.6%의 답변자가 하루에 10분 미만으로 대화한다고 답했고, 29.8%가 10~30분, 32.9%가 30분에서 1시간이라고 답했다. 이

는 전체 답변자의 71%에 해당하는 숫자다. 여러분은 어디에 속하는가?

그 짧은 시간에 나누는 대화 내용도 아이들 문제, 건강 문제, 집안의 대소사에 대한 의논이 대부분이라고 한다. 많은 부부들이 꼭 해야 할 말만 하고 산다는 것이다. 그러나 대화라는 것은 꼭 할 말만 하는 것은 아니다. 사람은 대화를 나누며 감정적인 욕구를 채운다.

부부가 대화를 나누는 시간이 적어지면 결혼생활에 빨간불이 켜진 것이라고 보면 된다.

부부 사이에 문제가 생기는 것은 여러 가지 원인이 있지만, 겉으로 드러나는 것이 폭력이나 외도, 성격 차이라 해도 그 밑에 깔려 있는 근본 원인은 소통 부재다.

사랑보다 중요한 소통 궁합이 최고의 해답

나는 여자들에게, 결혼을 결심할 때 소통 궁합을 봐야 한다고 당부한다. 결국 부부는 50년이라는 긴 세월을 함께 보내야 할 친구다.

서로 말이 통하지 않으면 절대로 행복할 수가 없다.

소통 궁합이란 두 사람의 소통의 방식이 맞느냐, 맞지 않느냐를 말하는 것이다. 대화를 통해 더 좋아지는 부부가 있는 반면 대화를 나누면 나눌수록 수렁에 빠지는 부부가 있다. 이런 이들은 소통 궁합이 맞지 않는 것이다.

 부부가 말다툼을 하더라도 그 싸움을 통해 문제를 해결할 수도 있다. 그래서 자주 싸우는 부부가 더 잘산다는 말도 있는 것이다. 그러나 작은 말다툼이 걷잡을 수 없는 큰 싸움으로 번지는 부부도 있다.

 "왜 맨날 양말을 뒤집어놔?'로 시작해 남편의 가정환경, 남편의 수입으로, 그러다 "누구 남편은……"으로까지 가면 문제 해결은커녕 남편의 마음은 저 멀리 달아나버린다. "계란 노른자를 터뜨리지 말아줘"로 시작된 이야기가 "집안에서 살림만 하면서……"로 가버리면 아내는 인격적인 상처를 입는다. 싸움을 끝낼 줄 모르는 사람, 한쪽이 화가 났을 때 화를 더 돋우는 사람들은 결국 막장까지 가고 만다.

 남녀가 결혼을 하려면 함께 네 계절을 보내보라는 말이 있다. 좋았을 때만 보아서는 사람을 제대로 알 수 없다. 그 사람이 화가 났을 때 어떻게 하는지, 위기에 빠졌을 때 어떤 태도를 보이는지 알아야 한다. 상대의 인간됨을 알지 못하고 핑크빛 환상으로 결혼을 하면 결혼 후 닥치는 여러 가지 문제들에 대처하지 못한다. 좋은 상황에서는 누구든 꽃노래를 부를 수 있다. 그런데 좋지 않은 상황일 때, 서로 문제를 바라보는 가치관이 비슷하고 대화를 통해 해결할 수 있어야 하는 것이다.

오랜 친구 사이에 결혼을 하면 잘산다는 이야기가 그래서 있는 것이다. 오랫동안 친구로 지냈다면 말이 어느 정도는 통하는 사이다. 처음에는 서로에게 남녀로 끌리지 않았더라도 말이 통하면 긴 인생을 현명하게 헤쳐 나갈 수 있다.

결혼할 땐 무조건 소통 궁합이 맞는 사람인지 아닌지를 보아야 한다. 사랑보다 먼저가 소통 궁합이다.

2

아무도 우리에게 가르쳐주지 않은 소통법은?

나는 박근혜 대통령 선거운동 당시 홍보대사로 활동했다. 그때 직함이 '국민소통위원회 소통 단장'이었다.

그런데 대통령과 국민의 소통이라는 것이 자리를 마련하고 직접 대화를 나눈다 해도 가능한 것이 아니다. 서로 들을 준비가 되어 있고, 원하는 것을 해줄 준비가 되어 있어야 비로소 소통이 이루어진다.

대통령이 아무리 국민과 대화하려 해도 국민이 원하는 것을 들어주지 않으면 그들은 등을 돌리고 소통을 거부한다. 결국 원하는 것을 들어주었느냐 그렇지 않느냐가 소통의 결정적인 열쇠인 것이다.

나는 말로 소통이 이루어진다고 생각하지 않는다. 말은 불필요한 오해를 낳을 뿐이다. 말없이 통할 수 있는 것이 진정한 소통이다.

소통은 작게 통하는 것

그러나 말없이 이루어지는 소통이라고 하니 점점 미궁에 빠지는 기분이 들 것이다. 초능력자가 아닌 다음에야 어떻게 대화하지 않고 소통할 수 있겠는가?

우선 소통이란 '소통(疏通)'이 아닌 '소통(小通)', 즉 '작게 통하는 것'이라고 생각해보자. 사람 사이에서 완벽한 소통이란 불가능하다. 모두 다르게 태어난 사람이 어떻게 완벽하게 통할 수 있겠는가? 그리고 완벽이라는 기준도 다 다르다. 내가 생각하는 소통과 상대가 생각하는 소통은 다를 수 있다.

만약 누군가 당신에게 "어떤 지점까지 갔을 때 소통이 이루어진 것이냐?"고 물으면 갑자기 머릿속이 복잡해질 것이다.

'내가 원하는 게 뭐였지?' 하며 스스로도 헷갈릴 것이다. 차라리 '작게 통하자'고 마음먹으면 실마리는 의외로 쉽게 풀린다. 예전에 나는 사람들이 "제일 잘하는 게 뭐냐?"고 물으면 "처음 만나는 사람과도 오랜 친구처럼 대화를 나눌 수 있다"고 대답했다. 나는 낯선 사람들과도 금방 소통하는 것이 내 특별한 능력인 줄 알았다. 그러나 화기애애하게 대화를 나눈다고 해서 소통이 되었다고 생각하는 것은 오산이었음을 알았다. 내 이야기가 다 소통이 되지 않는다는 걸 알게 된 것이다.

그게 사람과 사람 사이에 넘을 수 없는 벽이다. 조금 더 통하는 사람은 있겠지만 완벽하게 통하는 사람은 없다.

소통의 법칙 1

"소통은 작게 통하는 것이다."
부모, 남편, 자식이라도 완벽한 소통은 불가능하다. 누군가와 완전히 소통하려 하지 말고, 조금만 통하려고 노력하라.

친절과 배려가 소통의 시작

나는 '작게 통하자'는 생각에, 상대에 대한 작은 친절로부터 소통을 시작한다. 상대에게 필요한 것이 뭘까 생각하고 그것을 채워주려고 노력한다.

사회생활을 하면서 만나는 사람들에게는 작은 선물이라도

준비한다. 예전에는 차에 선물을 싣고 다니기도 했다. 그걸 필요로 할 것 같은 사람을 만나면 바로 꺼내주려고 말이다.

우리는 어차피 서로를 잘 모르는 사람들이다. 몇 번 만나 대화를 나눴다고 해서 상대를 알 수는 없다. 그래서 작은 친절로 상대의 마음에 노크를 하는 것이다.

회사에서는 무엇보다 동료들을 칭찬하고 용기를 북돋아주는데 힘쓴다. 서로 눈치 보며 쓸데없는 에너지를 들일 필요 없이 무조건 좋은 이야기를 해준다. 후배들에게는 무엇이든 잘한 것을 찾아내 칭찬하고, 날씨가 더우면 아이스크림이라도 사주고, 그렇게 에너지를 주려 한다. 무엇을 실수했다고 지적질하지도 않는다. 그것보다 한마디 칭찬이 그들을 더 오랫동안 더 열심히 일하도록 해줄 것이기 때문이다.

가까운 사람에게나, 사업적인 관계에서나 상대방을 기쁘게 하는 것이 소통의 첫걸음이다. 아는 사람일수록 선물하고, 칭찬해주는 것이 좋다. 그것은 아부도 아니고, 어떤 목적이 있어서도 아니다. 상대에 대한 배려와 관심이 관계를 맺는 첫걸음이기 때문이다. 그것이 사업적으로 성공하는 사람의 태도다. 상대에 대한 배려는 좋은 감정을 낳고, 그것이 좋은 관계로 연결된다. 내가 먼저 상대를 배려하고, 상대가 좋아할 만한 것을 찾아내 그것을 해주어야 상대도 그 에너지를 받아 긍정적인 인간관계로 다가온다.

> **소통의 법칙 2**
>
> "소통은 상대를 기쁘게 하는 것이다."
> 상대를 기쁘게 해주는 것이 소통의 시작이다. 작은 것이라도 먼저 주고, 칭찬하고, 긍정적인 에너지를 전달하자. 그렇게 해야 상대는 마음이 열리고, 마음이 열려야 소통이 시작된다.

가까운 사이일수록 적극적으로 피드백하라

가까운 사이에서도 이런 배려를 잊지 말아야 한다. 가까이 있는 사람도 내 편으로 만들지 못하는 사람은 다른 사람들도 내 편으로 만들 수 없다.

나는 엄마에게도 칭찬을 많이 한다. "엄마가 최고야"라는 말을 입에 달고 산다. 그러니까 엄마는 나만 만나면 두세 시간 이야기하고 싶어하신다. 엄마의 기분 좋은 모습을 보는 것이 나는 행복하다.

가까울수록 더 영업하듯이 하는 것이 좋다. 그래야 관계가 좋아진다. 친절은 남들에게만 베푸는 것이 아니라, 나의 가장 소중한 사람들에게 먼저 베풀어야 하는 것이다. 그래야 서로에게 좋은 에너지가 생겨 든든한 한 편이 될 수 있다.

한 번은 남대문에 가서 딸의 코트를 사 왔다. 고르고 골라 딸에게 어울릴 만한 것을 사가지고 왔지만 딸의 반응은 시큰둥했다.

"엄마, 이런 거 자꾸 사지 마세요." 하는 것이었다.

이거, 사주는 것도 맘대로 안 되겠구나 싶었다. 엄마가 무엇을 해주면 무조건 좋아해줘야 된다. 가족들에게도 피드백을 확실해 해야 한다. 피드백이 와야 가족은 힘이 난다.

그게 가정용으로 사는 것과 영업용으로 사는 것의 차이다. 그렇게 살면 내가 행복해진다.

엄마를 행복하게 하면 누구한테 행복이 오겠는가. 바로 자기 자신이 행복해진다.

> **소통의 법칙 3**
>
> "소통은 영업이다."
> 가까운 사이라고 해서 편하게 가정용으로 소통하려 하면, 소통은 이루어지지 않는다. 가까울수록 더 영업용으로 대하는 것이 소통의 진리다.

논리적으로 따지지 말고 공감하라

나를 허 장군이라고 부르는 체육과 교수님, 그분은 가정생활이나 아이들 일로 고민이 있으면 나에게 전화를 하신다.

얼마 전에 그분이 전화로 하소연을 하셨다.

"허 장군, 내가 뭘 잘못했나?"

이야기를 들어보니, 사모님과 함께 군대에 있는 아들 면회를 가셨다고 한다. 그런데 아들이 화가 나서 "아빠, 이제 면회 오지 마세요" 했다는 것이다. 교수님은 아들의 말에 큰 충격을 받으셨다.

처음에는 분위기가 좋았다고 한다. 아들에게 전화해서 뭐 먹고 싶으냐고 물으니 도너츠가 먹고 싶다고 했다. 그래서 아들이 원하는 도너츠를 두 박스 사가지고 사모님과 함께 하나뿐인 아들 면회를 간 것이다. 그런데 군대 장교가 교수님이 아는 분이었다. 그래서 교수님은 장교에게 도너츠 한 박스를 주며 오랫동안 이야기를 나누셨다. 아들이 군대에서 잘 지내기를 바라는 부모의 마음으로. 그런데 면회가 끝나고 집으로 돌아올 때 아들이 이제 면회 오지 말라고 한 것이다.

교수님은 아들이 왜 화가 났는지 영문도 모르겠고, 마음이 너무 아파 그 후로는 잠도 잘 안 온다고 하셨다.

나는 교수님께 이렇게 말씀드렸다.

"교수님은 빨리 성우한테 전화해서 미안하다고 사과하세요."

교수님은 억울해하시며 이렇게 말했다.

"아니, 아들이 군대 생활을 잘하려면 장교한테 잘 보여야 하고, 그래서 내가 장교를 붙잡고 이야기를 나눈 것인데, 그 애는 왜 이런 내 마음을 몰라주나? 내가 눈물이 다 나네. 도대체 내가 뭘 잘못했나?"

"교수님은 아들의 바람을 다 무시하신 거예요. 아들이 원한 게 뭐예요? 도너츠가 먹고 싶고, 그리고 아버지 어머니랑 얘기하고 싶고, 그게 아들이 바란 거잖아요. 그런데 교수님께서는 아들의 바람대로 안 해주신 거예요. 면회를 갔으면 아들하고 사모님하고 이야기를 해야 하는데 장교하고만 이야기했으니까요. 그건 아들이 원하는 게 아니에요."

나의 충고로 교수님께서는 아들에게 사과 편지를 쓰셨다.

아무리 나이와 연륜이 높아도 관계 맺는 방법에는 서툰 이들이 많다. 인간관계에서는 논리적으로 생각하는 것이 별로 도움이 안 된다. 감정과 감정이 만나 부딪치는 것이 인간관계이기 때문이다.

누가 잘했느냐, 잘못했느냐를 따지는 것이 아니라 아들의 서운한 감정을 이해하고 보듬어주는 것이 우선이다. '나는 아무런 잘못이 없는데 상대가 화를 냈다'고 하는 것은 일의 전후 관계를 논리적으로 따지는 태도이다. 사람 사이의 관계에서는 논리보다는 공감 능력이 필요하다. 옳다 그르다의 판단을 보류하고 다 받아들여야 소통의 실마리를 얻을 수 있다.

소통의 법칙 4

"소통은 논리가 아닌 공감이다."
논리적으로 옳고 그르고를 따지려고 하면 소통은 이루어지지 않는다. 상대의 감정에 무조건 공감해주는 것이 소통을 원활하게 한다.

3

무조건 YES로 답하기

소통을 가능하게 하는 마법의 단어가 있다. 바로 'YES' 이다. 'YES' 라는 말은 상대의 마음을 열어주는 마법 같은 열쇠다.

내 친구들은 늘 예스, 예스 하는 나를 보고 "너는 의견이 없니?" "네가 무슨 부처님 가운데 토막이니?" 하지만, 나는 그것이 진정한 소통을 위한 방법이라고 생각한다. 친구들 사이에서 '예스', '노' 할 문제라는 것이 "어디 가서 밥 먹자", "어디 가서 차 마시자" 하는 정도다. 그런 일에 'YES' 라고 하지 못할 게 뭐가 있겠는가?

사업적으로 대화를 나눌 때도 결국은 '예스', '노' 의 문제다. 상대가 원하는 조건을 들어줄 것이냐, 말 것이냐.

나는 상대가 어려운 조건을 이야기해도 우선 마음속으로 'YES!'라고 외친다. 그러고 나서,

"원하시는 조건은 잘 알았습니다. 좋아요.

한번 이야기해보죠."

"예스, 사장님! 사장님의 상황 충분히 이해했어요. 사장님께 더 좋은 선택이 무엇인지 생각해보죠."라고 말한다.

"아니요, 그건 안 돼요" "아니요, 사장님께서 잘못 생각하신 거예요"와 같은 화법을 썼다면 과연 내 곁에 남아 있는 고객이 몇이나 됐을까?

'YES'라는 긍정적인 화법은 사업가에게 없어서는 안 될 무기다.

우선 상대의 생각을 인정해주는 것이 상대의 마음을 열어준다. 상대를 바꾸려고 한다거나, 약점을 들추어내면 상대는 마음을 닫아버린다. 그렇게 되면 그와의 소통은 영영 불가능하다. 무조건 "아니요, 아니요"부터 내뱉는 사람은 사업에는 영 소질이 없는 사람이다.

소통의 법칙 5

"소통은 'YES'다."
소통하기 위해서는 'NO'가 아닌 'YES'로 대답해야 한다. 무조건 'YES'로 대답한다는 정신으로 상대의 의견을 존중하라.

소통하려면 많이 들어라

사람 사이의 불통은 첫째, 듣는 데 소홀하기 때문이다. 귀로 듣는다고 듣는 것은 아니다. 그 말을 이해하기 위한 노력이 필요하다. 그걸 깨달은 후부터 나는 말하는 것보다는 듣는 것을 더 중요시하게 되었다. 지금은 사람을 만나면 말을 아끼고 상대의 말을 잘 들어주려고 노력한다. 상대가 80을 이야기하면, 나는 20을 이야기하려 한다.

진정한 소통은 본인이 원하는 걸 이야기할 때 들어주는 것밖에 없다. 내 의견을 주장하는 것은 소통의 방법이 아니다. 두 사람이 모두 자신이 원하는 바나 생각을 주장하는 것이 불통으로 가는 지름길이다.

> **소통의 법칙 6**
>
> "소통은 듣는 것이다."
> 상대의 이야기를 귀 기울여 들어주는 것이 소통을 위한 최소한의 조건임을 잊지 말자.

소통하려면 상대를 바꾸려 하지 마라

소통이 안 되는 두 번째 이유는 상대를 바꾸려 하기 때문이다. 상대를 가르치고 바꾸려 들면 오히려 진정한 영향력을 미치지 못한다. 상대의 반발만 살 뿐이다.

사람들은 저마다 자신의 생각을 가지고 살아간다. 예전에 내가 한창 아이들 키우며 사업에 몰두할 때, 두 살 아래 동서가 우리 집에 와서 함께 산 적이 있다. 가까이 있다 보니 예전에 동생들에게 했던 것처럼 이런저런 이야기를 해주고 싶고, 인생에 더 좋은 방향으로 이끌어주고 싶은 마음이 들었다. 그러나 지금 생각해보면 누구나 자신의 생각이 있는데 내가 너무 간섭한 것은 아닌가 후회가 된다.

도움을 주고 싶은 마음이 다가 아니다. 진정으로 상대를 위하는 것은 상대의 인생에 메스를 들이대는 것은 아닌 것 같다.

많은 시간이 흐른 후에야 나는 하나의 답을 얻었다. 상대를 바꾸려 하기 전에 먼저 칭찬해주고, 들어주자는 것이었다. 상대를 인정해주고 칭찬해주며 인내심을 갖고 기다리자. 상대가 무언가를 깨닫고 스스로 변화할 때까지 말이다.

그런 세심함이 없다면 상대를 위한다는 좋은 마음조차 상대에게는 부담스러운 것이 되고 소통은 점점 멀어진다.

지금은 애들한테도 잔소리를 하지 않는다. 이불을 갰느니, 안 갰느니 하는 소리 할 것 없이 그냥 조용히 청소를 해준다. 많은 엄마들이 공감하겠지만, 엄마가 집에서 잔소리 안 하는 것은 무척 힘든 일이다. 이것은 대단한 인내심을 요구하는 일이다. 그러나 나의 진심은 아이가 잘되기를 바라는 것이니까, 그것만 생각한다.

회사에서도 젊은 친구들이 잘못하는 게 보여도 꾹 참고 그저 "잘하고 있나? 파이팅!" "파인!" 하며 힘을 준다. 내가 가르친다고 상대가 잘되지는 않는다. 스스로 좋은 방향으로 변화하려 할 때 힘을 북돋아주는 것이 더 효과적으로 상대를 돕는 방법이다.

나는 어른에게든, 아이에게든 내가 해줄 수 있는 가장 좋은 말을 하려 한다.

내가 하고자 하는 소통은 진실로 마음이 통하는 소통이다. 겉으로만 이루어지는 소통은 진정한 소통이 아니다.

> **소통의 법칙 7**
>
> "소통은 상대를 내 식대로 바꾸려 하지 않는 것이다."
> 내가 옳고 상대가 그르다는 생각을 버려야 한다. 설사 상대방이 잘못된 점이 있다 해도 참고 기다려주는 것이 오히려 상대의 변화를 이끌 수 있음을 기억하자.

들을 준비가 되어 있어야 한다

우리나라 정치인들이나 학교 선생님들도 진정한 소통의 방법을 알았으면 한다.

대통령과 여당이 소통을 외치는데 야당은 규탄대회를 연다. 들으려는 준비가 되어 있지 않으면 소통은 불가능하다. 대통령이 연설을 했으면 일단 마음을 열고 들어야 한다. 칭찬은커녕 규탄대회나 하고 있는 야당을 보면, 이건 매너 문제라는 생각도 든다. 예의를 지키지 않으면서 어떻게 소통을 바랄 수 있을까. 그러니 싸움이 끝나지 않는 것이다. 지적하고, 규탄 대회나 열고 있는 것을 보면 저들이 정말 국민을 생각하고 있는 정치인들인지 한심스럽다.

정치적으로 의견이 다른 사람들에게는 반대부터 하고 상대의 신념까지 바꾸려 드는 것, 상대와 의견이 맞지 않으면 끝까지 상대를 설득하려 드는 것, 그것은 점점 더 불통으로 가는 길이다. 사람들은 모두 자신만의 고정관념이 있고 웬만해서는 자신의 생각을 바꾸려 하지 않는다.

요즘 교권이 무너졌다고 하는 학교도 마찬가지다. 요즘 아이들은 선생님을 우습게 보고 대든다고 하지만, 어른들이 먼저 아이들을 진심으로 이해하려는 노력을 했는지 묻고 싶다. 학교 명예교사로 가보면, 아이들은 칭찬에 굶주려 있다. 어른들도 좋은 이야기를 해주면 좋아하는데 하물며 아직 어린 아이들이 아닌가. 그 아이들에게 따뜻한 말 한마디가 얼마나 필요하겠는가.

공부를 못하거나 품행이 바르지 않은 아이들을 선생님이 먼저 마음속으로 'NO!'를 외치지는 않았는지, 각자 능력과 색깔이 다른 아이들을 인정해주지 않고 무조건 획일적으로 바꾸려 하지 않았는지 생각해보아야 할 일이다.

인정과 칭찬의 힘

나에게 멘토링을 구했던 한 후배가 있다. 행복하지 않은 유년시절로 마음속 상처가 많은 후배였다. 후배는 정기적으로 나를 찾아와 고민을 상담하고 답을 구했는데, 나는 후배와 있는 거의 대부분의 시간을 후배를 칭찬해주는 데 썼다.

그 후배에게 나는 유일하게 자신을 칭찬해주는 사람이었다. 그 시간들을 통해 후배는 스스로 상처를 치유해갔다.

누가 나에게 자기 이야기를 한다면, 그것은 논리적으로 따지자는 것이 아니다. 그저 좋은 말이 필요한 것이다. 위로받고 싶은 것이다. 상대의 문을 열게 하는 건 따뜻한 말 한마디이다. 사람에게는 따뜻한 햇빛이 더 효과적이다. 외투를 벗기려고 아무리 바람을 불어봐야, 상대는 더 꼭꼭 껍질 속으로 들어갈 뿐이다.

나는 숱한 문제에 둘러싸여 있는 사람도 자신에 대한 자존감을 되찾으면 그다음은 모두 혼자서 해낼 능력을 갖고 있다고 생각한다. 무언가를 해결해주는 사람이 필요한 것이 아니라, 자신의 존재감을 확인해줄 사람이 필요한 것이다. 진심으로 상대를 인정해주는 것이 타인과 나눌 수 있는 최고의 소통이다.

소통의 법칙 8

"소통은 상대를 인정해주는 것이다."
상대방을 있는 그대로 인정하고 좋아해주는 마음이 소통의 시작이자 끝이다. "내가 너를 높이 평가하고 있다. 너를 좋아하고 있다"는 마음을 전달하면 소통은 저절로 이루어진다.

당신의 소통 능력은?

다음 사항에 체크하며 당신의 소통 능력을 파악해보자. 당신이 어떤 부분에 강점이 있고, 어떤 부분이 부족한지 돌아보는 기회가 될 것이다.

1. 대화를 나눌 때 상대의 이야기에 집중하는가?

소통의 기본은 듣는 것이다. 내가 상대의 이야기에 집중을 잘하는 사람인지, 내가 말하는 것을 더 좋아하는 사람인지 체크해보자.

☐ 나는 상대가 말할 때 적절한 추임새를 넣으며 듣는다.
☐ 나는 상대가 말할 때 이야기를 끊지 않고 경청한다.
☐ 나는 상대에게 "그건 아니지"라는 말보다는 주로 "네 말이 맞아"라고 대답한다.

2. 사람에 대한 존중감을 갖고 있는가?

소통이 잘되는 사람은 기본적으로 인간에 대한 존중감을 갖고 있다. 사람을 대할 때 가장 중요한 것은 상대를 존중하는 마음이다. 언제나 내가 잘났다는 생각에 싸여 있으면 알게 모르게 상대를 무시하는 마음을 드러내게 된다. 그것이 소통의 가장 큰 적이다.

- ☐ 나는 사람들은 누구나 나보다 나은 점이 있다고 생각한다.
- ☐ 나는 내 생각이 늘 옳은 것만은 아니라고 생각한다.
- ☐ 나는 나와 다른 사람을 인정할 수 있다.

3. 나의 생각을 부드럽게 표현할 수 있는가?

살다 보면 나와 의견이 맞지 않는 사람을 만나게 된다. 부부 사이라도 모든 의견이 일치할 수는 없다. 그럴 때 얼마나 잘 조율할 수 있는가가 중요하다.

- ☐ 나는 나와 반대되는 의견을 가진 사람과도 기분 좋게 대화를 나눌 수 있다.
- ☐ 나는 내 생각을 조리 있게 표현할 수 있다.
- ☐ 나는 의견이 다를 경우 내 생각을 관철시키기보다 상대와 타협점을 찾는다.

위의 세 가지는 타인과의 소통을 위해 갖춰야 할 필수 덕목이다. 이는 인격적인 성숙함과도 연결된다. 자신이 특히 부족하다고 느끼는 점이 있다면 그것을 채우기 위해 노력해보자.

4

불통 부부, 작게 통하는 것부터 시작하라

"당신 부부는 소통 궁합이 어떻습니까?"
하고 물으면 자신 있게 좋다고 대답할 사람이 얼마나 있을까 싶다.

많은 부부들이 대화를 나누는 시간이 30분도 채 안 된다는데, 소통은커녕 일상생활에서 서로 손발을 맞춰 사는 것이 가능할지 걱정스럽다.

연애와 결혼생활을 통해 남녀들은 대개 비슷한 과정을 겪는다. 사랑에 빠져 서로를 알아가는 것만으로도 기쁜 초기 연애시절부터, 결혼해 살면서 알면 알수록 실망스럽고 끝내는 상대에 대해 더 알고 싶지도 않은 단계까지 이른다. 남녀관계는커녕 인간적으로도 더 이상 매력적이지 않은 부부가 되고 마는 것이다.

미국 코넬 대학교에서 행한 연구에 따르면 남녀가 사랑을 하는 데는 각 단계마다 여러 호르몬이 관여한다고 한다. 페닐에틸아민, 엔도르핀 등의 각종 호르몬이 사랑의 감정을 돕는다고 한다. 엔도르핀은 마약과 유사한 성분이다. 이 천연 마약이 작동하면 상대가 무조건 좋게 보인다. 이해할 수 없는 것까지도 이해할 수 있는 것처럼 느껴진다. 그래서 연애할 때는 다 받아들일 수 있는 것이다.

그러나 시간이 지나면 이미 알고 있던 상대의 조건과 성향도 심각한 문제가 될 수 있다. 게다가 결혼 후에 알게 되는 상대의 모습은 대개 실망적이다. 결혼 후 점점 멀어져가는 남녀들이 대개 이런 과정들을 거친다.

집에서는 제발 쉬게 해달라는 남편, 집에 있을 때라도 대화하자는 아내

남자들이 이성적이며 논리적으로 행동하지 않는 유일한 때가 있다면 바로 사랑에 빠지는 순간일 것이다. 사랑에 빠지는 동안은 둔감한 남성도 감성 수치가 상당히 올라가는 것 같다. 그래서 엔도르핀이 최고치에 이른 남성은 여자의 일거수일투족에 집중한다. 어떤 감정을 느끼는지, 좋은지 싫은지 살펴보며 원하는 것을 해주고 싶어한다.

그러나 관계가 지속되며 변화한다. 안정되고 친밀한 관계가 형성됐을 즈음에는 이미 호르몬의 도움은 받을 수 없다. 뜨거운 감정이 사라진 남녀는 서로에 대한 관심이 줄어든다. 특히 남자는 내 사람이 되었다고 느꼈을 때, 여자가 무엇을 좋아하는지 싫어하는지 촉각을 세우며 살피는 것을 피곤해한다.

그런데 여성들은 안정적인 관계에서 더 큰 친밀감을 느끼는 경우도 많아서, 계속 사랑을 나누고 싶은데 남자의 마음이 예전 같지 않다는 눈치를 채게 된다. 그것을 되돌리려 애쓰며 왜 이 사람과 말이 통하지 않는 걸까 고민한다. 이때부터 남녀의 전쟁은 시작된다.

결혼 후 아이를 낳고 가정이 안정된 틀을 잡아갈 때 이런 전쟁을 시작하는 부부들이 많다. 이때쯤 되면 웬만하면 참았던 감정들도 터뜨리기 때문이다. 남편은 아내의 예민한 감정에 지치고, 아내는 남편의 무심함에 지쳐버리는 시기도 대개 이 즈음부터다.

"집에서는 제발 좀 쉬게 해줘"라는 남편과 "집에 있는 시간에라도 나와 대화해"라는 제로섬 게임 같은 말싸움이 서로를 지치게 만든다.

부부 사이의 소통 부재는 큰 스트레스다. 특히나 집에서 애를 키우며 달리 대화를 나눌 상대가 없는 여성들은 남편과 대화를 나누고 싶어 근질근질한데 남편은 회사 일로 고단해 입을 닫아버리는 경우, 여자들은 결혼생활 자체에 대해 심각한 고민에 빠진다.

'대화 중지' 로 말하는 여자의 속마음은

사실 여성들이 원하는 소통은 별게 아니다. 남편이 자기에게 관심을 기울여주길 바라는 것이다. 함께 사는 남편이 자기의 말에 귀 기울여주지 않을 때 여자는 실망할 수밖에 없다.

남편들은 눈치 채지 못하지만, 이런 시간이 길어지면 아내는 남편을 떠날 마음의 준비를 한다. 육체가 떠나든, 마음이 떠나든 상대를 떠나버리겠다고 결심하는 것이다. 그러니 아직 아내가 대화하고 싶다고 할 때 그때가 마지막 기회임을 알아야 한다. 그 시기가 지나면 아내 쪽에서 남편을 멀리하게 된다.

마음을 닫은 여성은 아예 말을 안 해버린다는 조사 결과도 있다. 한 조사에서 부부싸움 후 아내의 소통 방법 1순위로 꼽힌 것이 '대화 중지'였다. 이혼한 여성들에게 설문조사를 해보니, 전 남편과 문제가 생겼을 때 감정을 표현한 방법으로 37.6퍼센트의 여성이 "말을 안 했다"고 대답했다. 두 번째는 '간접적으로 했다'가 27.4퍼센트였다.

소통의 방법이 '대화 중지'라는 조사 결과가 슬프게 느껴진다. 평소 대화를 시도하던 여성들도 마음을 한 번 닫아버리면 말 한마디 듣는 것도 힘들어지는 것이다.

마음을 닫아버린 아내는 남편과의 잠자리를 거부하는 경우도 많다. 남편을 멀리하는 아내의 마음속에는 대개 남편에게 먼저 거절당한 상처받은 마음이 숨어 있다. 남편은 자신이 아내의 대화 요청을 거절한지도 깨닫지 못하는 경우가 많기 때문에, 이런 상황에 와서야 무언가 잘못됐음을 느낀다. 그러나 무엇부터 잘못되었는지 알지 못하는 남성들은 상황을 단순하게 해석하기 쉽다. 아내가 자신을 거부한다고.

이렇게 서로에게 상처받은 부부는 등을 돌리고 만다. 부부임을 포기하고 쇼윈도 가족으로 살아간다. 이렇게 선량한 두 사람이 만나 서로에게 나쁜 사람이 되어가는 것은, 결국 소통의 부재 때문이다.

작게 통하는 것부터 시작하길

여성들의 경우, 남편에게 무슨 말을 했다고 해서 남편이 그 말을 들었다고 생각하면 안 된다. '내가 말했으니 상대가 이해할 것이다'라는 건 자신만의 생각이다. 실제로는 내가 한 말을 제대로 이해하지 못했을 가능성이 훨씬 크다.

누군가는 말을 하고 누군가는 듣지만, 사람들은 대개 자기만의 생각에 싸여 있는 경우가 많다. 그래서 완벽한 소통은 불가능한 것이다. 완벽한 소통을 하려고 애쓰기보다 차라리 조금만 통하려고 노력해보자.

'소통'을 '작게 통하면 된다'로 생각하면 부부 사이의 소통 문제도 훨씬 쉽게 해결된다. 나와 대화를 나눌 때 남편이 수학책을 펼쳐놓고 공부하듯이 내게 집중할 거라는 기대는 하지 말자. 대개의 남편은 아내와의 저녁밥상에, 운전면허 필기시험 문제집보다도 집중을 안 한다.

내가 말한 한마디 한마디를 놓치지 않고 내 표정의 변화도 모두 알아챌 거란 기대는 접어두고, 작게라도 통해보자는 시도를 하는 게 낫다. 이때도 'YES'의 법칙은 유용하다. 긍정의 말이 긍정을 불러올 것임을 믿고 남편과의 소통을 시작해보기 바란다.

부부의 소통 주체는 아내다

　부부간의 소통은 두 사람의 노력으로 만들어지는 것이다. 어느 한쪽이 희생한다고 해서 소통이 이루어지지는 않는다. 한쪽이 무조건 맞춰야만 하는 관계라면 진정한 의미의 소통이라 할 수도 없을 것이다.
　그래서 많은 이들이 두 사람의 관계가 좋아질 수 있도록 서로 공평하게 노력하기를 바란다. '내가 50의 노력을 했으니 너도 50의 노력을 하는 것'이 공정한 것이라 생각하고, 그러기를 요구한다.
　그러나 사람 사이의 관계란 그렇게 자로 선을 긋듯이 정확하게 따질 수 없는 것이다. 각자의 성향이 다르기 때문에 좀 더 노력하는 쪽과 그렇지 않은 쪽이 있기 마련이다.

대화를 피하는 남편들

　많은 아내들이 이 부분에서 불공평함을 느낀다. 두 사람의 관계를 위해 남편이 과연 나만큼의 노력을 하고 있는가 생각하면, 전혀 그렇지 않은 것으로 여겨지기 때문이다. 부부간 대화가 잘 이루어지지 않을 때, 대개 아내들은 끝까지 문제를 해결하기를 원하는 반면 남편은 대화 자체를 회피하거나 미루려 한다. 부부 소통 문제에서 아내들이 가장 힘들어하는 부분이다.

아내가 무슨 심각한 얘기만 꺼내면 남편들은 담배를 피우러 나가거나, 아니면 "다음에 얘기해" 하며 입을 다물어버린다. 더 나아가 버럭 화를 내는 남편들도 많다. 이것이 불통 부부의 전형적인 모습이다.

아내들은 말한다. "함께 살아가려면 꼭 해결해야 할 일이라 얘기를 꺼내려고 하면 남편은 피하기만 해요. 계속 대화를 회피하니 무시당하는 기분이에요"라고.

아내의 공격적인 말투가 불통을 부른다

그런데 아내들이 알아야 할 것이 있다. 인간관계는 결코 공평하지 않다는 것이다. 많은 부부들을 상담하고 부부 관계를 연구한 전문가의 의견에 의하면, 남녀간에 성공적인 소통을 이루려면 여성이 보다 노력해야 한다고 한다.

30년 동안 부부싸움과 부부 관계에 대해 연구해온 존 가트맨과 줄리 가트맨 박사는 헤어지는 부부의 공통점을 발견했다. 바로 아내의 공격적인 말투였다. 부부싸움에서 여성의 태도가 어떠냐에 따라 오랫동안 잘 사는 부부와 그렇지 않은 부부가 갈라진다는 것이다.

이들은 여러 쌍의 부부를 상담하며 그들의 부부싸움 광경을 녹화하고, 이후 두 사람의 관계를 추적 연구했다. 그 결과 여성이 공격적일 경우, 부부가 헤어질 확률이 높아진다는 것을 알아냈다. 싸움의 내용이 사소한 생활습관의 차이든 외도, 술, 도박 등의 심각한 문제든 그것은 오히려 큰 영향이 없었다.

남성은 여성보다 충격 흡수력이 약하다

이런 결과가 나온 데 대해, 전문가들은 남녀의 신체적인 차이를 그 이유로 든다. 남녀 중 스트레스에 더 약한 쪽이 남성이라고 한다. 언쟁이 일어나면 남자는 여자보다 더 빨리 그리고 더 급격하게 혈압과 혈당이 상승한다. 그리고 호흡과 맥박이 정상으로 돌아오는 데 여자보다 평균 20분이 더 걸린다고 한다. 이것이 남편이 아내와의 언쟁을 회피하려 하는 이유다. 둘이 똑같이 언쟁을 해도, 남자는 더 큰 신체적인 압박을 받고 더 큰 괴로움을 느끼는 것이다. 그러니 사소한 싸움도 피하려 들 수밖에 없다.

아내가 아직 본론도 꺼내지 않았는데 남편들은, '이게 심각한 이야기가 될 것 같다'는 생각이 들면 그 자리를 피하고 본다. 아내가 문제거리를 내놓을 때마다 매번 아드레날린이 상승하고 심장 박동이 빨라져 매우 괴로웠던 경험을 했기 때문이다. 아내가 부부싸움 초반부터 공격적인 말투를 쓰면 남편들은 그 상황을 참지 못한다. 그래서 사소한 문제를 해결하기 위해 시작한 언쟁이 서로의 관계를 악화시키는 안 좋은 결과를 낳게 된다.

반대로 감정을 누그러뜨리고 남편을 살살 달래며 이야기하는 여성들, 즉 '숙련된 조련사'의 능력을 발휘하는 아내들은 부부싸움을 문제 해결로 연결시켜 더 바람직한 상황으로 만들어갈 수 있다고 한다.

부드럽게 대화를 이끌어라

아내들도 원하는 것은 싸움이 아닐 것이다. 그저 조금만 바꿔주길 바라는 작은 요구일 것이다. 늦게 들어오는 남편이라면 좀 더 일찍 들어와주길, 집안일을 나몰라라 하는 남편이라면 좀 더 도와주길, 혹은 어떤 사소한 생활습관 하나 바꿔주길 바라는 것이다.

그렇게 함께 살며 생기는 문제들을 대화로 해결하자는 것뿐인데, 그런 대화조차 남편들은 '싸우자고 덤비는 것'으로 받아들이니 아내들은 좀 억울할 수도 있다. 그러나 위에서 얘기한 남성의 특징을 안다면, 부부간 대화를 스트레스로 받아들이는 남편의 입장도 이해할 수 있을 것이다.

나에겐 작은 언쟁이 남편에겐 큰 싸움으로 느껴진다는 것을 알자. 그러니 대화는 지혜롭게 해야 한다. 아내가 부드럽게 이야기하면 부부 관계는 좋아진다. 어떤 문제를 이야기하느냐보다 중요한 것이 어떤 분위기로 말을 꺼내느냐다.

부부간 소통의 주체는 아내다. 좋은 부부 관계를 위해서는 아내가 절반 이상의 노력을 해야 한다. 그것을 억울한 것으로 받아들일 게 아니라, 서로의 차이를 이해해주는 것으로 생각하면 된다.

06장

늦지 않았어

지금
시작해

1

新 아줌마 셀프 콘서트로 여자의 인생 찾기

내 인생을 죽 돌아보면, 나는 한 사람으로서 인생에서 겪어야 할 모든 경험과 행복을 누리고 산 것 같다. 맏이로 태어나 부모님 사랑 듬뿍 받고 네 동생들과 함께 시끌벅적한 어린 시절을 보냈고, 서울로 올라와 하고 싶은 공부도 하고 사랑도 했다.

이른 나이에 결혼을 해 아내로, 며느리로 살아오며 여자의 삶이 무엇인지 알았고, 축복 같은 아이들을 낳으며 엄마가 된다는 기쁨과 책임감도 알았다. 한 사람으로 성숙하기 위해 나 자신을 갈고 닦으며 동시에 내 아이들, 동생들에게 그 영향력을 미치며 살았다.

어려서부터 운동을 한 덕에 몸과 마음이 함께 단단해질 수 있었고, 끊임없이 책을 읽고 공부하며 더 조화로운 사람이 될 수 있었다. 이 사회의 일원으로 나에게 주어진 역할을 하기 위해 애쓰며 사업가로 성장할 수 있었다.

그 과정에서 언제나 내 속의 꿈틀대는 어떤 목마름이 나를 다그쳤다. 나는 더 지혜로운 사람이 되고 싶었고, 더 성숙한 사람이 되고 싶었다. 파도 파도 계속 샘솟는 내 안의 열정이 나를 끊임없이 움직이게 했다.

부모님이 주신 허순이라는 이름으로, 그리고 엄마라는 이름으로 살아온 지난 시간들 모두가 나에게는 행복이다. 어떤 순간에도 나 자신을 잃지 않고 꿈을 향해 살아온 축복받은 시간들이다.

'짐' 이기도 하고 '힘' 이기도 한 많은 사람들

내 삶이 무겁게 느껴지기도 했다. 시집장가 간 후에도 뒤치다꺼리를 해야 했던 동생들, 시댁 식구들, 남편, 아이들 그 많은 사람들의 무게가 나를 짓눌렀던 적도 있다. 내 인생이 나만의 것이 아니라는 게 힘겹게 느껴졌다.

그러나 사랑하는 사람들의 인생을 짊어지고 가는 것이 나 하나뿐일까. 모든 사람이 자기 몫의 무게를 안고 사는 것이 인생이다. 그 무게가 인간의 삶을 지탱해주는 힘이라는 것을 나는 안다. 그리고 그들이 나를 지켜준 소중한 이들이었음에 감사한다. 나에게 사랑을 알게 하고, 책임감을 알게 하고, 성숙함을 알게 해준 많은 이들. 나는 앞으로도 그들과 함께 내 인생을 힘차게 걸어갈 것이다. 나 허순이로 그들을 사랑할 것이다.

누군가에게 의지하며 사랑하는 것이 아니라, 독립된 한 인간으로 타인을 사랑할 수 있게 되기까지 나 또한 수많은 좌절과 시행착오를 거쳤다. 사랑하는 이들을 마음으로부터 떼어놓지 못한 채 그 무게에 짓눌려 사랑 대신 미움을 키우기도 했다.

그러나 이제 나는 인생이 혼자라는 것을 안다. 그래서 사랑할 수 있다. 사랑할 수 있으니 이제 더 이상 외롭지도 않다.

자기 자신으로 살아야 진짜 사랑을 할 수 있다

내가 많은 여성들에게 자기 자신의 이름으로 살아가라고 말하는 건, 그런 후에야 참된 사랑과 행복을 찾을 수 있기 때문이다.

누군가의 자식, 누군가의 아내, 누군가의 엄마로 살아가는 것은 행복한 일이다. 그러나 그 속에서 자기 자신을 잃으면 진짜 행복을 찾을 수 없다. 진실로 행복하지 않은 사람은 타인을 마음껏 사랑할 수도 없다. 사람은 본래 이기적인 동물이어서, 자신 속에서 행복을 찾을 수 없는 사람의 사랑은 병든 꽃처럼 시들어간다.

 자기 자신을 잃지 않으려면 많은 노력이 필요하다. 특히 가족 안에서 많은 이들을 돌봐야 하는 역할이 주어진 여성들은, 가족들에게 헌신하는 동시에 자기 자신에게도 헌신하기가 쉽지 않다. 그러나 그 힘든 일을 이루어낸 뒤에 다가올 진짜 행복과 사랑은 그 무엇보다 값진 것임을 알았으면 한다. 그것은 나 혼자만의 행복이 아니라 내 주위 사람들까지 행복하게 만들 수 있는 방법이다.

자신만의 꿈을 꾸는 삶이란

 나는 나 자신을 잃지 않기 위해 끊임없이 스스로를 채찍질했다. 남들보다 더 부지런히 움직이고, 남들보다 더 많이 실패했다.
 실패를 두려워하면 도전할 수 없다. 실패해도 또 꿈을 꾸어야 한다. 자신이 그리는 인생이 어떤 것인지 끊임없이 찾아야 한다. 꿈꾸지 않으면 어디로 가야 할지 알 수 없다. 등대가 없으면 배는 길을 잃는다.

여러분이 꿈꾸는 삶은 무엇인지, 그 빛을 밝혔으면 좋겠다. 나는 일을 통해 꿈을 꾸었다. 나 자신을 잃지 않기 위한 작은 끄나풀을 놓지 않았다. 그 꿈을 향해 한 걸음씩 앞으로 나아갔다. 여러분도 꿈꾸는 삶을 살기 바란다. 그것이 여러분을 빛나게 할 것이다. 그리고 그것이 여러분의 등불이 되어줄 것이다.

남편의 꿈을 대신 꾸지 말기 바란다. 자식의 꿈을 대신 꾸지 말기 바란다. 여러분 자신의 꿈을 꾸기를 진심으로 바란다. 그것이 자신을 잃지 않는 방법이다.

2

이젠 혼자병법이다

　한번 태어나 죽는 인생, 누군가의 아내가 되어 사랑하며 사는 것은 행복한 일이다. 또 아이들을 낳아 성숙한 어른으로 길러내는 것은 이 세상의 어떤 직업과도 견줄 수 없는 값진 일이다. 여러분은 이 멋진 일을 하고 있는 이들이다.
　그런데도 행복하지 않다고 하는 여러분, 그 이유가 뭘까?
　내가 누누이 말하지만, 우리 여자들이 행복하지 않은 이유, 그건 바로 자기 자신을 잃어버렸기 때문이다. 가족들 돌보느라 자신은 돌보지 못했기 때문이다.
　춘추시대 손무가 썼다는 불패의 병법서 손자병법이 있다. 나는 현대 슈퍼우먼들의 비밀 병법서 '혼자병법'을 제시하려 한다. 이 '혼자병법' 을 재미있게 풀이하자면, '혼을 담아서' '자신 있게' 사는 방법을 전수하는 병법서다. 슈퍼우먼이 망토 속에 꼭 지니고 다닌다는 그 전설의 병법서가 바로 혼자병법이다.

여자의 삶을 바꿔라

여자는 '아기' 로 태어나 가장 행복한 '아가씨' 시절을 거쳐 '아줌마' 가 된다.

아줌마는 '아주 줌으로써 마냥 좋아하는 존재' 다. 남편과 자식에게 헌신하는 바로 우리들의 모습이다.

그럼 아줌마의 다른 말 '아주머니' 는 어떨까? 아주머니는 '아주 money만 좋아하는 사람' , 즉 가족들에게 헌신하다 배신감을 느끼고 "돈밖에 없어. 돈만 있으면 돼" 하는 단계에 이르고 마는 여자를 말한다. 이게 우리의 슬픈 현실이다.

이 단계를 거쳐 우리가 마지막에 도달하는 곳은? 바로 '할머니' . 할머니란, '돈이 있어도 할 일이 없는 사람' ……. 이렇게 되면 정말 쓸쓸한 인생이 될 것이다.

그렇게 되지 않으려면 여러분은 남편과 자식에게만 쏠려 있던 관심을 자기 자신에게로 돌려야 한다. '아주 주지' 말고 일부만 줘야 한다. 나머지는 자기 자신에게 쏟아야 한다.

'자식'을 '자신'으로 바꿔라. 자식이 내 삶을 대신 살아주지는 않는다. 나중에 할머니가 되어 후회해봤자 우리의 젊은 시절은 돌아오지 않는다.

남 따라 사는 삶은 짝퉁의 삶이다. 자기 자신으로 사는 삶이 명품의 삶이다. 명품이 명품인 이유는 누구와도 다른 자신의 가치가 있기 때문이다.

모든 여성들이 명품으로의 가능성을 지니고 있다. 그 가능성을 스스로 버리지 말고, 자기 자신의 참다운 모습을 찾아가는 여러분이 되기 바란다.

인생의 마지막 파노라마를 펼쳐라

모든 여성들이 무지갯빛 삶을 살아갈 가능성을 지니고 있다. 90도만 바꾸면 된다. 'Woman'을 '30man'으로, 여러분 자신의 가능성을 찾으면 된다. 그러면 무채색이었던 여러분의 인생은 파노라마 무지개색으로 펼쳐진다.

생각의 틀을 90도만 바꾸면 되는 것이다. 당신은 '30명의 남자'만큼 능력이 있는 사람이라는 것을 알면 된다.

자, 이제 우리에게 필요한 것은 실전이다. 가정용에서 영업용으로 바꾸는 허순이의 혼자병법 36계를 알려주겠다. 이것을 참고로 여러분은 여러분만의 36계를 만들 수 있을 것이다.

1. 여자로 살기

여자로 살기를 포기하는 순간 우리의 인생은 무채색이 되어버린다. 아름다움을 포기하지 말자. 늙어 죽을 때까지 여자임을 행복으로 알자.

내 인생에 열정의 빨간 빛깔을 칠한다.

- 볼을 붉게 물들여라, 사랑에 빠진 여자처럼. 이것이 혼자병법 1계다.
- 분홍색 립스틱을 발라라, 가끔은 빨간색 립스틱을. 이것이 혼자병법 2계다.
- 가장 아름다운 옷을 입어라. 오늘이 나의 가장 특별한 날이라고 생각하라. 이것이 혼자병법 3계다.
- 반짝이는 것을 몸에 지녀라. 그러나 나보다 더 번쩍이는 것은 금물! 이것이 혼자병법 4계다.
- 하이힐을 신어라, 그리고 당당하게 걸어라. 이것이 혼자병법 5계다.

- 마지막으로, 매혹적인 향수를 뿌려라.
  이것이 혼자병법 6계다.

2. 사랑하며 살기

사랑하지 않는 자 모두 유죄이다. 지금 내 옆에 있는 사람을 진심을 다해 사랑하자. 먼저 사랑을 주자. 사랑하지 못하겠거든 새로운 사랑을 찾아 떠나자. 지금 이 시간을 낭비하기에는 너무 아까운 인생이다.

내 인생에 햇살 같은 주황 빛깔을 칠한다.

- 가장 아름다운 미소를 보여라,
  바로 지금 내 앞에 있는 이에게. 이것이 혼자병법 7계다.
- 아름다운 목소리로 말하라, 세상에서 가장 듣기 좋은 악기처럼. 이것이 혼자병법 8계다.
- 사랑하는 이에게 화를 내지 마라, 행복하게 살기도 모자란 시간이다. 이것이 혼자병법 9계다.
- 소중한 이에게 선물을 하라, 영원히 나를 기억할 수 있도록. 이것이 혼자병법 10계다.
- 유머를 구사하라, 내 옆에 있는 사람을 웃게 하라.
  이것이 혼자병법 11계다.

3. 직업 갖기

나의 일을 찾지 못하면 누군가에게 종속된 인생을 살게 된다. 내 꿈을 다른 사람에게 의탁해서는 안 된다. 남의 꿈을 대신 꾸어서도 안 된다. 자기 자신만의 꿈을 꾸고, 자기 자신의 인생을 살아야 한다.

내 인생에 정열적인 노란 빛깔을 칠한다.

- 내가 잘하는 일을 찾아라. 분명 하나쯤은 있을 것이다.
  이것이 혼자병법 12계다.
- 꿈을 꾸라, 목표를 분명하게 세워라.
  이것이 혼자병법 13계다.
- 나 자신의 명함을 갖는다. 누구누구의 엄마는
  내 이름이 아니다. 이것이 혼자병법 14계다.
- 일을 시작하라. 그것이 무엇이든 생산적인 일을 하라.
  이것이 혼자병법 15계다.
- 나만의 통장을 만들어라, 그 안에 내 꿈을 차곡차곡 담자.
  이것이 혼자병법 16계다.

4. 스스로 힐링하기

내 마음을 다스려줄 사람을 밖에서 찾아서는 안 된다. 스스로 자신을 힐링할 수 있어야 흔들리지 않는 행복을 얻을 수 있다.

내 인생에 치유의 초록 빛깔을 칠한다.

- 시끄러운 TV를 끄고 아름다운 음악을 들어라.
  이것이 혼자병법 17계다.
- 마음을 울리는 시를 읽어라. 커피를 마시며 그 시를 음미하라. 이것이 혼자병법 18계다.
- 하루에 한 번은 꼭 산책을 즐겨라.
  이것이 혼자병법 19계다.
- 집안에 초록빛이 꼭 있어야 한다. 당장 화분을 사라.
  이것이 혼자병법 20계다.
- 혼자만의 여행을 떠나라. 누구와 함께가 아닌 혼자만의 시간을 반드시 가져야 한다. 이것이 혼자병법 21계다.

5. 죽을 때까지 배우며 살기

하루에 한 가지는 배워야 한다. 그것이 요리든, 영어 단어든 뭐라도 한 가지는 더 알고 하루를 끝마쳐야 한다.

내 인생에 지성의 파란 빛깔을 칠한다.

- 죽을 때까지 학생이라고 생각하라.
  이것이 혼자병법 22계다.
- 책을 읽어라. 처음에는 쉬운 책부터 시작해서 점점 독서량을 늘려라. 책 안에서 세상의 모든 이들과 대화를 나눌 수 있다. 이것이 혼자병법 23계다.
- 뉴스를 봐라. 세상 돌아가는 것을 알지 못하면 바보가 된다. 이것이 혼자병법 24계다.
- TV를 틀 땐 드라마보다 다큐멘터리 채널을 찾아라. 드라마보다 재미있는 실제 세상을 맛볼 수 있다.
  이것이 혼자병법 25계다.
- 꾸준히 강좌를 들어라, 배움을 그치지 마라.
  이것이 혼자병법 26계다.

6. 아마추어가 아닌 프로로 살기

직업을 갖든 주부로 살든 프로로 살아야 한다. 무슨 일이든 아마추어처럼 하는 것은 자존심이 허락하지 않는 일, 나는 가정용에서 벗어나 영업용으로 살 것이다.

내 인생에 흔들리지 않는 남색 빛깔을 칠한다.

- 감정을 절제하라, 부드럽게 말하라.
  그것이 내 품격을 높인다. 이것이 혼자병법 27계다.
- 수다는 줄이고 생각을 늘려라. 혼자 집중하는 시간을
  가져라. 그것이 스트레스도 줄여준다.
  이것이 혼자병법 28계다.
- 화를 내지 마라. 감정적으로 살지 말고 이성적으로
  살아라. 이것이 혼자병법 29계다.
- 지적인 사람이 되기 위해 노력하라. 교양 있는 사람이
  되라. 이것이 혼자병법 30계다.
- 명함이 없다면 지금 당장 명함을 만들자. 내 정체성이
  무엇인지를 분명히 해야 한다. 이것이 혼자병법 31계다.

7. 삶의 예술가 되기

우리의 삶 자체가 예술이다. 하루도 놓치지 말고 풍부하게 살자. 몇 십 년에 걸쳐 완성되는 아름다운 걸작을 남기는 삶을 살아야 한다.

내 인생에 화려한 보라 빛깔을 칠한다.

· 요리를 할 때의 나는 일류 요리사다. 지금 하는 요리에 만족하지 마라. 주방을 멋지게 꾸미고 요리 전문가가 되라. 이것이 혼자병법 32계다.

· 지금 당장 집을 아름답게 꾸며라. 돈이 안 드는 셀프 인테리어 방법도 많다. 나의 침실을 호텔 스위트룸처럼, 나의 거실을 별장처럼, 나의 부엌을 카페처럼 꾸민다. 이것이 혼자병법 33계다.

· 남편과 최고의 섹스를 하라. 섹스는 부부만의 특별한 이벤트다. 하루하루를 특별하게 만들어라. 이것이 혼자병법 34계다.

· 가족과 친구를 위한 이벤트를 마련하라. 누가 먼저 해주길 기다리지 말고 나 자신이 이벤트를 구상한다. 내 삶을 축제로 만든다. 이것이 혼자병법 35계다.

· 나는 나를 사랑한다. 이것이 혼자병법 36계다.

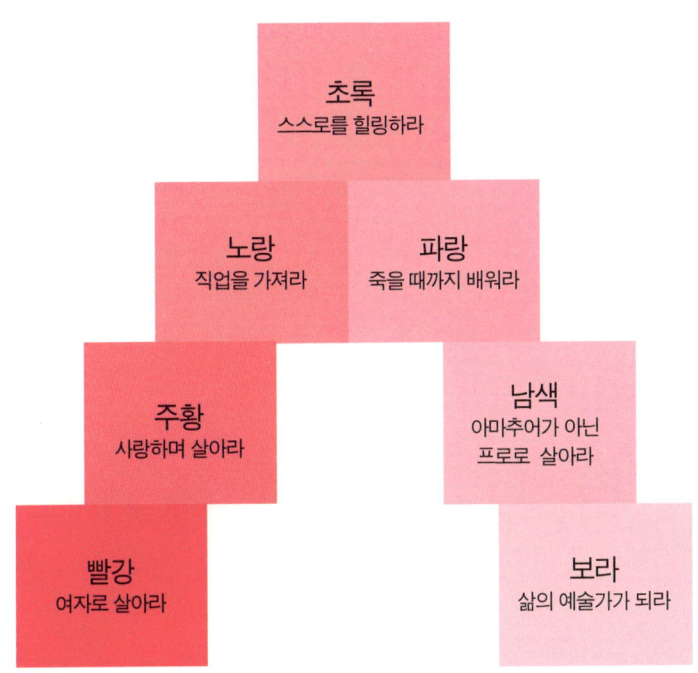

[혼자병법 36계를 알면 인생이 무지개빛 파노라마로 펼쳐진다.]

3

당신의 인생을 색7하라

당신은 자신에 대해 얼마나 알고 있는가?
당신은 누구인가?

이제 여러분의 차례다. 자기 자신에게 질문을 던져보라. 자기가 누군지 알아야 앞으로 가야 할 방향도 알 수 있다. 자기 자신을 잘 아는 사람이 행복할 방법도 알 수 있다.

나를 행복하게 하는 것은 무엇인가?

내가 가장 소중하게 여기는 것, 지키고 싶은 것은 무엇인가?

내가 가장 하고 싶은 일은 무엇인가? (거창한 꿈이든, 지금 당장 하고 싶은 소소한 일이든 무엇이라도 적어보라.)

당신의 인생을 무지개색으로 칠하라

당신의 인생을 일곱 가지 무지개 빛깔로 만들어줄 당신만의 36계를 만들어보기 바란다. 행복할 수 있는 방법은 수도 없이 많다. 지금, 당신의 인생에서 그 행복을 찾을 수 있다.

나는 어떤 매력이 있는 여자인가?
내가 좋아하는 나의 모습은?

나를 가장 행복하게 하는 사람은 누구인가?
나는 어떤 사랑을 했는가? 앞으로 어떤 사랑을 꿈꾸는가?

내가 승부를 보고 싶은 일은 무엇인가? 나는 어떤 일에서
성공하고 싶은가? 내가 가장 잘하는 일은? 여기서 미래의
직업을 찾아보자.

나는 나를 위로하기 위해 지금까지 무엇을 했는가?
스스로의 마음을 돌보기 위해 내가 하고 싶은 일은 무엇인가?

미래를 위해 나는 어떤 준비를 하고 있는가?
어떤 공부를 하고 있는가? 하고 싶은 공부는 무엇인가?

나는 프로인가, 아마추어인가? 아직도 가정용으로 살고 있지 않은가? (자신의 아마추어 같은 면, 그리고 프로다운 면을 찾아 적어보자.)

나의 삶을 아름답게 만들기 위해 나는 무슨 일을 하고 있는가? 어떤 색깔로 물들이고 싶은가? 한 사람의 예술가가 된 것처럼, 나와 내 주변의 일상을 예술로 만들어보자. 자, 이제 무엇부터 시작할까?

4

변화를 두려워하면 바꿀 수 없다

　인간은 긍정적인 생각보다는 부정적인 생각을 하도록 유전자에 입력되어 있다는 말을 들은 적이 있다. 모든 부정적인 경우를 생각하고 준비해야만 생존에 유리하기 때문이다.
　그러나 그것은 온갖 위험에 노출되어 있던 원시시대의 경우이고, 현대사회에서는 그 부정적인 유전자가 오히려 생존에 방해가 된다. 우리는 지금 야생동물에 둘러싸여 살아가는 것이 아니라 문명사회의 보호를 받고 살아간다. 사회의 시스템을 적극적으로 이용할 줄 아는 사람이 더 성공할 수 있는 시대다.
　긍정적인 마인드를 계발하라는 책들이 유행하는 것은 이런 시대의 요구 때문이다. 태어나면서부터 우리에게 입력되어 있던 부정적인 사고와 불안감과 걱정에서 놓여나야 성공할 수 있기 때문이다.

변화를 두려워하는 사람들이 있다. 그러나 변화를 거부하고 안정을 추구하는 것은 인생을 정체시킨다. 안정이라는 게 뭘까? 무덤 속은 안전하다. 이제 모든 것이 끝나고 아무것도 변화할 필요가 없는 곳은 무덤 속 뿐이다.

불안정할 때가 가장 안전한 때다

사실 안정된 상태가 가장 불안정한 것이다. 가정도 마찬가지다. 불안정한 요소가 있어야 변화의 가능성이 있다. 변화되지 않으면 살아 있는 것이 아니다. 그곳이 무덤 속이라는 것을 깨닫지 못하고 있는 것일 뿐이다.

가정 안에서도 불안정과 변화를 즐길 수 있어야 한다. 사람은 불안한 요소가 있을 때 오히려 행복지수가 높아진다. 만사 편안할 때 살기 싫을 수도 있는 것이다. 그래서 겉으로 평화로워 보이는 가정이 알고 보면 속으로 곪고 있는 경우가 많다.

나는 불안정할 때가 가장 안전한 때라고 생각한다. 인생은 불안정할 때가 폭발력이 있다. 위기가 있어야 기회도 오는 법이다. 그런 생각을 가지면 오히려 정체된 삶을 두려워하게 된다.

매일 똑같이 반복되는 삶, 발전이 없는 삶은 언뜻 보기에는 일직선으로 가고 있는 것 같지만 실은 서서히 내리막 곡선을 타고 있는 것이다. 무엇이든 불안해하지 않으면 더 잘할 수 있다. 불안감에서 벗어나면 더 큰 도전을 향해 모험을 떠날 수 있다.

모험을 즐겨라

대개의 여성들은 이 부분이 조금 부족한 것 같다. 모험을 즐기는 도전정신 말이다. 여성 사업가가 많지 않은 것도 어려서부터 그런 교육을 받지 못했기 때문인 듯하다.

여자아이들은 어려서부터 보호받아야 할 존재로 생각하는 경향이 있다. 직업을 선택할 때도 안정적인 일을 원한다. 여성의 직업으로는 간호사, 의사, 공무원, 교사, 비서직과 같이 누군가를 돌보는 일이거나 출퇴근 시간이 정확한 일을 선호한다. 여성들 스스로 학자나 정치가, 사업가가 되겠다고 나서지 않으며, 부모들도 대개 딸이 험난한 길을 가길 원하지 않는다.

그러나 안정적인 직업이란 그만큼 발전 가능성도 제한된 직업이다. 큰돈을 벌 수 있는 가능성이나, 더 높은 자리에서 영향력을 발휘할 가능성이 적은 일이다. 왜 여성들은 이 틀에서 과감히 벗어나지 못하는 걸까?

세상에는 내가 도전할 수 있는 일이 생각보다 많다. 호기심과 열정만 있다면 말이다. 여성들에게는 새로운 것에 대한 도전정신이 필요하다. 당신이라고 사업을 못할 것 같은가? 오히려 여성 사업가들이 사업을 더 깔끔하게 잘한다. 사업에 뛰어들 용기가 없을 뿐이다.

가정에서의 위치도 그렇고 남편과의 관계도 마찬가지다. 여성들은 자신의 능력을 너무 과소평가한다. 순종이 여자의 미덕인 세상이 아닌데 여전히 많은 여성들이 소극적인 자세를 벗어나지 못하고 있다. "여자라서……"라는 제약은 오히려 여자들 스스로 만들고 있지 않은지 돌아보아야 한다. 스스로 만든 작은 틀에서 벗어나지 못하면 가정주부라는 직업을 갖든, 밖에 나가 일을 하든 성공하기 어렵다.

자신의 역량을 믿어라

어제와 같은 오늘이 가장 위험하다는 것만 기억해두라. 사회는 매우 빨리 변하고 있다. 불안정을 즐길 수 있어야 당당히 성공할 수 있다.

사람들은 사업이 위험하고 어렵다고들 하는데, 쉬운 걸 뭐하러 하는가? 영업용으로 살기 피곤하다고? 그저 살던 대로 살겠다고? 그런 투정은 이제 그만 하자.

여러분의 역량을 믿고 앞으로 나아가기 바란다. 하루하루가 다른 삶을 살아보기 바란다. 자기 이름과 전호번호가 적힌 당당한 명함을 갖는 삶, 매일이 발전하는 삶, 역동적인 삶을 사는 여러분이 되기 바란다.

| 맺음말 |

나는 젊은 시절, 아이 셋을 키우고 회사를 운영하며 바쁘게 살아왔다. 나보다는 아이들을 위해 살아온 시간이었다.

그리고 4년 전, 나는 나만을 위해서도 한 번 살아보자 결심했다. 공부하는 마음으로 지금 회사에 입사했다. 돈도 주고, 사람도 많이 만나 인생 공부도 시켜주니 이보다 더 좋을 수는 없었다. 정말로 학생처럼 아침 일찍 출근하고 한 번도 회사를 빼먹은 적이 없다.

회사에 들어가며 첫 목표를 세웠다. 고객의 청약서를 쓰며 한 글자도 틀리지 말자고 결심했다. 그러면서 나는 20~30대 젊은 직원들도 숱하게 하는 실수를 하지 않게 되었다. 나는 언제나 크고 작은 목표를 세우며 살아가는 게 좋다. 거기서 성취감을 느낄 수 있기 때문이다.

3년이 흐른 후, 책을 쓰기로 결심했다. 고객들에게 책을 선물하길 좋아했던 나는 내가 쓴 책을 전해주고픈 바람이 있었다. 새로운 목표가 생기니 또다시 활력이 넘쳤다. 이제 느낄 성취감은 그동안의 어떤 도전보다 클 것 같다.

이 책을 쓰면서 어린 시절의 꿈으로 한 발자국 다가가고 있음을 느꼈다. 사람들에게 내가 쓴 책을 전해주고 싶었던 꿈, 많은 사람들과 대화를 나누고 싶었던 꿈을 이룰 수 있게 되었다.

내가 여성으로 살며 느꼈던 많은 고민과 답을 찾기 위해 헤맸던 나날들을 사람들과 함께 나눌 수 있게 된 것이 참으로 고맙다.

많은 여성들에게 참 행복으로 가는 길을 알려주고 싶었다. 누군가의 아내로, 엄마로 살아가는 젊은 여성들에게 한 발자국 앞서 살아본 인생 선배로서 그들의 고민을 함께 나누고 위로해주고 싶었다. 나의 위로와 격려가 자신을 찾아가는 많은 여성들에게 힘이 되길 바란다. 내가 그랬듯 그들도 자신의 삶을 찾길 바란다.

나는 사소한 행복에 많은 의미를 부여한다. 그리고 한순간도 꿈꾸는 것을 포기한 적이 없다. 그렇게 살아왔기 때문에 지금과 같은 것들을 이룰 수 있었다. 그렇게 꿈을 위해 살아가는 것이 진정으로 행복하게 진짜 사랑을 하며 살아가는 방법이라고 여긴다.

나에겐 또 하나의 작은 꿈이 있다. 내가 졸업한 여고에 가서 아이들에게 강의를 하는 것이다. 인생을 스스로 개척하기 위해 어떻게 해야 하는지, 또 앞으로 이 사회의 일꾼이 될 여성들이 어떤 리더십을 가지고 살아가야 하는지 아이들에게 알려주고 싶다. 더불어 모든 아이들에게 맛있는 것도 사주고, 책도 사주고 싶다.

앞으로도 나는 행복을 향해 달릴 것이다. 그 길에서 만날 많은 이들에게 내 행복을 나누어줄 것이다. 그리고 더 많은 여성들이 행복해지길 바란다. 그래야 이 세상은 더 살 만한 멋진 곳이 될 테니까……

남편만 믿고 살기엔
여자의 인생은 짧다

1판 1쇄 인쇄 | 2014년 03월 31일
1판 1쇄 발행 | 2014년 04월 08일

지은이 | 허순이
발행인 | 이용길
발행처 | 모아북스 MOABOOKS

관리 | 정윤
디자인 | 이룸

출판등록번호 | 제 10-1857호
등록일자 | 1999. 11. 15
등록된 곳 | 경기도 고양시 일산동구 호수로(백석동) 358-25 동문타워 2차 519호
대표 전화 | 0505-627-9784
팩스 | 031-902-5236
홈페이지 | http://www.moabooks.com
이메일 | moabooks@hanmail.net
ISBN | 978-89-97385-42-3   03320

· 좋은 책은 좋은 독자가 만듭니다.
· 본 도서의 구성, 표현안을 오디오 및 영상물로 제작, 배포할 수 없습니다.
· 독자 여러분의 의견에 항상 귀를 기울이고 있습니다.
· 저자와의 협의 하에 인지를 붙이지 않습니다.
· 잘못 만들어진 책은 구입하신 서점이나 본사로 연락하시면 교환해 드립니다.

모아북스 는 독자 여러분의 다양한 원고를 기다리고 있습니다.
(보내실 곳 : moabooks@hanmail.net)